Entwurf

einer

Subhastations-Ordnung

nebst

Erläuterungen und Abänderungs-Vorschlägen.

Von

einem praktischen Juristen.

Berlin.

Verlag von J. Guttentag.

1869.

Vorwort.

Der Entwurf einer neuen Subhastations-Ordnung für den Geltungsbereich der Allgemeinen Gerichtsordnung, der jetzt dem Abgeordnetenhause vorliegt, ist von hohem Interesse für das juridische Publikum.

Der Verfasser der erläuternden und kritischen Bemerkungen zu demselben bearbeitet seit 30 Jahren das Subhastationswesen bei dem Gerichte, dem er angehört. Er hat daher vielfach Gelegenheit gehabt, die Mängel und Gebrechen des jetzigen Verfahrens kennen zu lernen, und, seiner Erfahrung nach, den Entwurf verbessernde Zusätze in Vorschlag zu bringen, so wie bei nicht ganz deutlich Gesagtem Verdeutlichungen zu wünschen.

Die durch die Umstände gebotene sehr große Beschleunigung seiner Arbeit, neben nicht geringen Amtspflichten, wird der kurzen Behandlung des reichen Stoffes bei dem Leser zur Entschuldigung dienen müssen.

Der Verfasser.

Die preußische Gesetzgebung hat seit mehr als einem Jahrhundert die Erhaltung und den Schutz des Grundbesitzes zu einem ihrer wirthschaftlichen Prinzipe gemacht. Aber, wie es häufig geschieht, können auch Wohlthaten sich zum Nachtheile gestalten.

Zu unserer jetzigen Hypothekennoth haben allerdings auch andere Gründe als die bisherige Schwerfälligkeit des Hypotheken- und Subhastations-Verfahrens mitgewirkt.

Die Ueberfüllung des Markts mit verzinslichen, von Hand zu Hand gehenden Werthpapieren, das Börsenspiel, die Bau-Ueberspekulation in großen Städten, die übermäßigen Güterpreise und die Leichtigkeit, mit wenigem baaren Gelde und ohne genügendes Betriebs-Kapital zu kaufen und in deren Gefolge häufige Zwangsverkäufe, haben Kapitals-Anlagen in Hypotheken zu eben keinem wünschenswerthen gemacht.

Einen großen Theil der Schuld an dieser Misère des Grundbesitzers aber trägt zuverlässig die Schwerfälligkeit unserer Subhastations-Gesetzgebung.

Nach ihrem jetzigen Stande vergeht von dem Tage des Antrages auf Zwangsversteigerung oft mehr als ein Jahr, bevor der Zuschlag und die Kaufgelderbelegung erfolgt. Aber auch, nachdem dies geschehen, sehen die Gläubiger fast in der Mehrzahl der Fälle noch kein Geld. Der Ersteher hat kein Kaufgeld gezahlt, es ist dasselbe als Kaufgelderrückstand eingetragen worden. Es erfolgt eine fast ebenso lang währende Resubhastation, oft eine dritte und vierte, in denen allen kein Kaufgeld gezahlt wird, und der Gläubiger, der sein Kapital zurückgezahlt haben will, wird in die Unmöglichkeit versetzt, über dasselbe, dessen Rückzahlung er erstrebt, anderweit zu disponiren und wird, wie es nicht selten vorgekommen, 4 bis 6 Jahre mit seiner Befriedigung hingezogen.

Es war daher hohe Zeit, daß die Gesetzgebung sich damit befaßte, alles dasjenige, was das Verfahren hinzieht, was die rasche Realisirung des Pfandes, die Befriedigung des Gläubigers verzögert, zu entfernen, mit steter Rücksicht darauf, das Verfahren im Interesse sowohl des Gläubigers als des Besitzers nicht zu überstürzen.

Der dem Hause der Abgeordneten für den Geltungsbereich der Allgemeinen Gerichts-Ordnung vorgelegte Entwurf einer Subhastationsordnung bringt in 126 Paragraphen, in theilweiser Anlehnung an den Entwurf einer Prozeß-Ordnung für den preußischen Staat vom Jahre 1864, in Berücksichtigung der bisherigen Rechtssprechung des höchsten Gerichtshofes, eine Reihe vortrefflicher Bestimmungen.

Es kann nicht Vorwurf dieser kurzen, praktischen Besprechung sein, den vorgelegten Entwurf zu erläutern; es ist dies mit vielem Geiste schon in den Motiven geschehen. Es kann nur darauf ankommen, auf das viele Gute des Entwurfs kurz aufmerksam zu machen und dasjenige ergänzend anzuführen, worin nach unseren Wünschen, gestützt auf mehr als 30jährige Erfahrung, der Entwurf einer Ergänzung bedürftig erscheint.

Es lautet derselbe:

Entwurf
einer
Subhastations-Ordnung.

§. 1. Der Subhastation unterliegen: 1) Grundstücke; 2) solche Schiffsmühlen und selbstständige Gerechtigkeiten, welche die Eigenschaft unbeweglicher Sachen haben; 3) verliehene Bergwerke und unbewegliche Bergwerksantheile; 4) Seeschiffe und andere zur Frachtschifffahrt bestimmte Schiffsgefäße.

§. 2. Die Subhastation gehört vor das Gericht erster Instanz, in dessen Bezirke die Sache belegen ist, die Gerechtigkeit ausgeübt wird, oder das Schiff zu der Zeit sich befindet, zu welcher die Subhastation eingeleitet werden soll.

Insoweit bisher besondere Kollegien oder Gerichtsabtheilungen für die Subhastation von Schiffen zuständig waren, treten dieselben, jedoch nach Maßgabe der Vorschrift des ersten Absatzes, auch ferner an die Stelle des Gerichtes erster Instanz.

§. 3. Erstreckt sich der Gegenstand der Subhastation in mehrere Gerichtsbezirke, oder entsteht in Folge eines Streites über die Bezirksgrenzen Ungewißheit über die Zuständigkeit, so ist eines der betheiligten Gerichte zum Subhastationsgerichte zu bestellen. Auf den Antrag eines Interessenten kann dies geschehen, wenn mehrere in dem Bezirke verschiedener Gerichte belegene Grundstücke desselben Eigenthümers subhastirt werden sollen. Die Bestimmung des Gerichts steht dem Appellations-Gerichte zu, wenn die betreffenden Gerichte zu dessen Bezirke, dem Obertribunale, wenn dieselben zu verschiedenen Appellations-Gerichtsbezirken gehören.

§. 4. Soweit das gegenwärtige Gesetz nicht für einzelne Akte etwas Anderes bestimmt, steht die selbstständige Durchführung des Subhastations-Verfahrens ständigen Gerichts-Kommissarien zu. Die Einzelrichter haben diese Stellung für ihren Geschäftskreis.

Erster Abschnitt.

Subhastation im Wege der Zwangsvollstreckung.

I. Grundstücke.

1. Verfahren bis zur Vertheilung der Kaufgelder.

§. 5. Der Antrag auf Subhastation ist in denjenigen Fällen, in welchen dieselbe ohne vorhergegangenes prozessualisches Verfahren bei dem zuständigen Gerichte beantragt werden darf, bei dem Subhastations-Richter, in allen anderen Fällen bei dem Prozeßrichter einzureichen.

Ist die Forderung, behufs deren Beitreibung die Subhastation beantragt wird, vollstreckbar, so giebt der Prozeßrichter den Antrag mit diesfälliger Bescheinigung an den Subhastations-Richter ab. Er theilt demselben zugleich mit, was aus den Prozeßakten über den letzten Wohnort des Schuldners erhellt.

§. 6. Dem Antrage auf Subhastation sind beizufügen: 1) ein das Grundstück betreffender neuester Auszug aus der Grundsteuer-Mutterrolle oder Gebäudesteuer-Rolle; 2) wenn das Grundstück im Hypothekenbuche eingetragen ist, eine Bescheinigung der zuständigen Hypotheken-Behörde, daß das Eigenthum des Schuldners eingetragen sei, oder wenn dies nicht der Fall, öffentliche Urkunden, welche glaubhaft machen, daß der Schuldner das Grundstück als Eigenthümer besitze; 3) wenn das Grundstück im Hypothekenbuche nicht eingetragen ist, die diesfällige Bescheinigung der zuständigen Hypotheken-Behörde und die unter 2. bezeichneten Urkunden über den Eigenthumsbesitz des Schuldners.

Ist das Grundstück für die Forderung, behufs deren Beitreibung die Subhastation beantragt wird, verhaftet, so genügt es, wenn in der unter 2. und 3. vorgeschriebenen Weise bescheinigt wird, daß die hier gedachten Voraussetzungen vorhanden waren, als die Forderung rechtshängig wurde.

Befindet sich der Subhastations-Richter mit der zuständigen Hypotheken-Behörde an demselben Orte, so vertritt eine Bezugnahme auf deren Bücher und Akten die zu 2. und 3. gedachten Bescheinigungen derselben.

§. 7. Dieselben Vorschriften (§§. 5. und 6.) gelten, welche ein Gläubiger einer bereits eingeleiteten Subhastation beitreten will; die Beilagen des Antrags können jedoch durch eine Bezugnahme auf die Subhastations-Akten ersetzt werden.

§. 8. Wenn der Subhastations-Richter den Antrag für begründet erachtet, so spricht er die Einleitung der Subhastation oder den Beitritt des Gläubigers zu derselben in besonderer Verfügung aus und setzt den Schuldner davon in Kenntniß.

Der beigetretene Gläubiger hat dieselben Rechte, welche dem Gläubiger zustehen, auf dessen Antrag die Subhastation eingeleitet ist, unbeschadet der Vorschrift des §. 61.

§. 9. Die Einleitung der Subhastation bewirkt zu Gunsten der Gläubiger, welche dieselbe beantragt haben, oder ihr beigetreten sind, sowie der zur Zeit der Einleitung vorhandenen Realgläubiger eine Beschlagnahme des Grundstücks und macht dasselbe in Bezug auf diese Personen zu einer streitigen (litigiosen) Sache.

§. 10. Bei Erlaß der Einleitung-Verfügung ersucht der Subhastations-Richter die zuständige Hypotheken-Behörde um Eintragung des Vermerks, daß die nothwendige Subhastation eingeleitet sei, in das Hypothekenbuch und um Mittheilung eines Hypothekenscheins zu den Subhastations-Akten.

Die Hypotheken-Behörde hat den Vermerk einzutragen, sofern nicht aus dem Hypothekenbuche sich Anstände ergeben.

Ist das Hypothekenbuch noch nicht regulirt, so ersucht der Subhastations-Richter die Hypotheken-Behörde um Mittheilung eines Verzeichnisses der zu den Grundakten angemeldeten Realrechte.

Bei Uebersendung der verlangten Urkunden hat die Hypotheken-Behörde dem Subhastations-Richter von den seitens eingetragener oder angemeldeter Interessenten zu den Grundakten angezeigten Wohnorts-Veränderungen und zur Empfangnahme von Zustellungen bestellten Vertretern Nachricht zu geben.

§. 11. Wenn sich aus den Mittheilungen der Hypotheken-Behörde ein Umstand ergiebt, welcher, wenn er früher bekannt gewesen wäre, die Einleitung der Subhastation verhindert hätte, so hat der Subhastations-Richter unter Einstellung des weiteren Verfahrens den Gläubiger von dem Hindernisse zu benachrichtigen und ihm die Beseitigung desselben zu überlassen.

§. 12. Liegt ein solcher Anstand (§. 11.) nicht vor, so bestimmt der Richter den Versteigerungs-Termin mittelst Subhastations-Patents.

§. 13. Das Subhastations-Patent muß enthalten: 1) die Angabe, daß die Versteigerung im Wege der nothwendigen Subhastation geschehe; 2) eine Bezeichnung des zum Verkauf bestimmten Grundstücks, welche genügt, dasselbe von anderen zu unterscheiden; 3) das Gesammtmaß der der Grundsteuer unterliegenden Flächen; 4) den Reinertrag oder Nutzungswerth, nach welchem das Grundstück zur Grund- und Gebäudesteuer veranlagt worden ist; 5) die Anzeige, wo Auszug aus der Steuerrolle, Hypothekenschein, etwaige besondere, das Grundstück betreffende Nachweisungen, deren Einreichung jedem Subhastationsinteressenten gestattet ist, ingleichen besondere Kaufbedingungen (§. 20.) eingesehen werden können; 6) Zeit und Ort der Versteigerung, sowie des Termins, in welchem das Urtheil über die Ertheilung des Zuschlags verkündet werden soll; 7) die Aufforderung an alle diejenigen, welche Eigenthum oder anderweite, zur Wirksamkeit gegen Dritte der Eintragung in das Hypothekenbuch bedürfende, aber nicht eingetragene Realrechte geltend zu machen haben, dieselben zur Vermeidung der Präklusion spätestens im Versteigerungs-Termine anzumelden.

§. 14. Als Subhastations-Interessenten gelten: der Gläubiger, welcher die Einleitung der Subhastation beantragt hat oder derselben beigetreten ist, der Schuldner und falls dessen Eigenthum nicht eingetragen ist, der eingetragene Eigenthümer, die aus dem Hypothekenscheine, oder bei nicht regulirtem Hypothekenbuche, aus dem Verzeichnisse (§. 10.) ersichtlichen Realberechtigten, sowie diejenigen, welche zu den Subhastationsakten ein dingliches Recht mit dem Antrage, sie bei der Subhastation zuzuziehen, angemeldet haben.

§. 15. Der Versteigerungstermin ist nach dem Ermessen des Richters auf sechs Wochen bis sechs Monate hinauszurücken (§. 42. Nr. 10.).

§. 16. Das Subhastations-Patent ist bekannt zu machen: 1) durch Aushang an der Gerichtsstelle; 2) durch Einrückung in den Anzeiger des Regierungs-Amtsblattes oder — bei Gegenständen geringeren Werths — nach dem Ermessen des Richters durch Aushang an der zur öffentlichen Bekanntmachung bestimmten Stelle in derjenigen Ortsgemeinde, in welcher das Grundstück belegen ist.

Wie oft und in welchen Zwischenräumen die Einrückung in den Anzeiger des Regierungs-Amtsblatts zu erfolgen habe, hängt von der Bestimmung des Richters ab.

Ebenso hat derselbe von Amtswegen oder auf Antrag eines Interessenten nach seinem Ermessen über andere Arten der Bekanntmachung und ihre Ausführung zu bestimmen.

Jeder Interessent ist befugt, eine solche anderweitige Bekanntmachung auf seine Kosten zu bewirken.

§. 17. Der Versteigerungs-Termin kann nach dem Ermessen des Richters sowohl an der Gerichtsstelle, als an einem anderen Orte seines Bezirks anberaumt werden.

§. 18. Zu dem Versteigerungs-Termine sind mittelst Zustellung einer Abschrift des Subhastations-Patents die Interessenten (§. 14.) zu laden.

Auch der Prozeßrichter erhält Nachricht von dem Versteigerungs-Termine.

§. 19. In Bezug auf alle Zustellungen an die Subhastations-Interessenten (§. 14.), Ersteher und Bieter gelten für das ganze Verfahren folgende Bestimmungen: 1) Die Zustellung ist nicht erforderlich, wenn weder aus dem Hypothekenscheine und den sonstigen Mittheilungen der Hypotheken-Behörde, noch aus einer zu den Subhastationsakten gemachten Anzeige der Wohnort des Betheiligten oder seines Vertreters zu ersehen ist. 2) Erhellt aus der Mittheilung der Hypotheken-Behörde, daß der Betheiligte bei den Grundakten einen Vertreter (§. 10.) bestellt hat, so kann die Zustellung an diesen auch dann erfolgen, wenn der Wohnort des Betheiligten bekannt ist. 3) Fehlt dem Betheiligten die Fähigkeit, selbstständig vor Gericht aufzutreten, so genügt, falls sein Vertreter oder dessen Wohnort zu den Subhastationsakten nicht bekannt geworden ist, die Zustellung an die vormundschaftliche Behörde. Stellt sich der Mangel dieser Fähigkeit erst im Laufe des Verfahrens heraus, so bleiben vorher erfolgte Zustellungen giltig. 4) In Betreff derjenigen Betheiligten, welchen die Zustellung außerhalb des Sitzes des Subhastationsrichters geschehen muß, genügt deren Aufgabe zur Post. Dieselbe wird durch eine amtliche Bescheinigung des mit der Beförderung derartiger Zustellungen zur Post beauftragten Beamten erwiesen. 5) Stellt sich bei der Zustellung heraus, daß der Betheiligte an dem Orte, welcher sich aus den Subhastationsakten als sein letzter Wohnort ergiebt, nicht wohnt, oder daß er gestorben ist, so bedarf es keiner ferneren Zustellung. 6) Im Uebrigen gelten die allgemeinen Vorschriften über gerichtliche Zustellungen.

§. 20. Eine Abänderung der gesetzlichen Verkaufsbedingungen ist nur im Falle der Zustimmung aller Interessenten (§. 14.), deren Rechte durch dieselbe berührt werden, zulässig.

Machen jedoch die Hypotheken- und sonstigen Realverhältnisse des Grundstücks eine besondere Bedingung nöthig, so hat der Richter auch im Falle des Widerspruchs Betheiligter eine derartige Bedingung auf Antrag oder von Amtswegen zu stellen.

Den Betheiligten und beziehungsweise dem Richter bleibt überlassen, die Stellung besonderer Kaufbedingungen vor dem Versteigerungstermine zu erörtern und zu beschließen.

§. 21. Im Versteigerungstermine, zu welchem ein Protokollführer zuzuziehen, wird der Beginn des Versteigerungsgeschäfts mittelst Aufrufs bekannt gemacht. Alsdann werden der Auszug aus der Steuerrolle und der Hypothekenschein zur Einsicht aufgelegt, sowie die in Folge des Aufgebots (§. 12. Ziffer 7.) angemeldeten Ansprüche bekannt gemacht, endlich über besondere, aus dem Gesetze sich nicht von selbst ergebende Kaufbedingungen verhandelt und die festgestellten verlesen. Hierauf wird zur Abgabe von Geboten aufgefordert.

§. 22. Kein Bieter darf zugelassen und kein Gebot berücksichtigt werden, wenn ein Interessent, dessen Recht durch den Zuschlag berührt wird, dagegen Widerspruch erhebt, es sei denn, daß der Bieter durch Niederlegung des vierfachen Grundsteuer-Reinertrages oder zwei ein halbfachen Gebäudesteuer-Nutzungswerths (§. 13. Nr. 4.) für das Gebot Sicherheit leistet.

Der Zulassung des Fiskus darf nicht widersprochen werden.

§. 23. Die Sicherheit muß in baarem Gelde oder in inländischen öffentlichen, nach dem Börsenkurs zu berechnenden Papieren, welchen die laufenden Zinsscheine und Talons beigefügt sind, geleistet werden.

Ein Gläubiger, dessen Forderung innerhalb des Zwanzigfachen des Grundsteuer-Reinertrags oder des Zwölfeinhalbfachen des Gebäudesteuer-Nutzungswerthes (§. 13. Nr. 4.) des zur Subhastation stehenden Grundstücks für ihn auf demselben eingetragen ist, kann jedoch auch Sicherheit mit dieser Forderung unter gleichzeitiger Niederlegung der über dieselbe sprechenden, sein uneingeschränktes Gläubigerrecht ergebenden Hypotheken-Urkunde bestellen.

§. 24. Der Widerspruch (§. 22.) muß spätestens sofort nach Abgabe des Gebots erfolgen.

Der Umstand, daß frühere Gebote eines Bieters ohne Widerspruch zugelassen worden, schließt die Erhebung des Widerspruchs nach Abgabe eines weiteren Gebots desselben Bieters nicht aus.

§. 25. Die Versteigerung darf nicht vor Ablauf einer Stunde seit der Aufforderung zur Abgabe von Geboten (§. 21.) und, falls mehrere Bieter aufgetreten sind, nicht eher geschlossen werden, als bis sich ein Meistbietender ergeben hat. Vor dem Schlusse der Versteigerung hat der Richter das letzte Gebot vernehmlich bekannt zu machen.

§. 26. Nach Ermittelung des Meistbietenden sind die Interessenten, soweit sie im Termine anwesend sind, zur Erklärung über die Ertheilung des Zuschlags aufzufordern.

Ein Widerspruch gegen dieselbe, welcher berücksichtigt werden soll, muß im Termine selbst erhoben werden. Auf Erklärungen, welche erst nach Abschluß des Versteigerungs-Protokolls eingehen, imgleichen auf Vorbehalte und unbestimmte Erklärungen wird keine Rücksicht genommen.

§. 27. Nur der Widerspruch eines Interessenten (§. 14.), dessen Rechte durch den Zuschlag berührt werden, darf Berücksichtigung finden, und zwar auch dann nur, wenn der Ertheilung des Zuschlags ein gesetzliches Hinderniß entgegensteht (§. 42.), oder wenn der Interessent die Ansetzung eines neuen Versteigerungstermins beantragt und sich verpflichtet, für das Meistgebot, sowie für allen aus der Verzögerung des Zuschlags entstehenden Nachtheil und die Kosten zu haften, auch für den zehnten Theil des Meistgebots nach den Bestimmungen des §. 23. Sicherheit leistet.

Diese Vorschriften gelten auch in Bezug auf die als eingetragene Gläubiger bei der Subhastation betheiligten Kreditsysteme. — Die Befugniß derselben, unter andern Voraussetzungen der Ertheilung des Zuschlags zu widersprechen, tritt außer Kraft.

Von der Sicherheitsleistung ist der Fiskus befreit.

§. 28. Wenn sämmtliche Interessenten, deren Rechte durch den Zuschlag berührt werden, im Versteigerungstermine anwesend sind, der Ertheilung des Zuschlags widersprechen und die Ansetzung eines neuen Termins beantragen, so ist diesem Antrage ohne Weiteres stattzugeben.

§. 29. Sobald ein neuer Versteigerungstermin anberaumt worden, wird der Meistbietende von seinen Verpflichtungen frei.

§. 30. Der neue Versteigerungstermin ist nach richterlichem Ermessen auf drei bis sechs Wochen hinauszusetzen. Im Uebrigen kommen die §§. 16. bis 26. zur Anwendung. Auch der bisherige Meistbietende wird nach Maßgabe des §. 18. geladen.

Ein nicht auf gesetzliche Hindernisse (§. 42.) gegen Ertheilung des Zuschlags gestützter Widerspruch gegen denselben darf im späteren Versteigerungstermine nicht berücksichtigt werden.

§. 31. Der erste Absatz des §. 30. findet auch Anwendung, wenn das Versteigerungsverfahren fortgesetzt werden muß, weil in dem früheren Versteigerungstermine ein Meistgebot nicht erzielt worden ist.

Lag der Grund hiervon in einem Mangel an Bietern, so muß der Gläubiger, welcher die Subhastation beantragt hat oder derselben beigetreten ist, den Antrag auf Anberaumung eines neuen Versteigerungs-Termins binnen drei Monaten stellen, widrigenfalls der Subhastations-Antrag beziehungsweise die Beitritts-Erklärung für zurückgenommen erachtet werden.

§. 32. Der Gläubiger, auf dessen Antrag die Subhastation eingeleitet ist, kann noch im Versteigerungs-Termine und bis zum Schlusse des Versteigerungs-Protokolls den Antrag zurücknehmen.

§. 33. Wenn der Schuldner im Versteigerungs-Termine und bis zum Schlusse des Protokolls die Summe der Schuld, wegen deren die Subhastation eingeleitet worden, nebst Zinsen und Kosten, auf seine Gefahr und Kosten, gerichtlich niederlegt, und für die Kosten des Subhastations-Verfahrens durch baare Deposition einer vom Richter zu bestimmenden Summe Sicherheit leistet, so muß mit dem weiteren Verfahren inne gehalten werden.

§. 34. Das Protokoll muß über den ganzen Hergang im Termine Auskunft geben. Insbesondere sind darin die Zeit, zu welcher zum Bieten aufgefordert und die, zu welcher die Versteigerung geschlossen wurde, zu verzeichnen. Wenn gegen die Ertheilung des Zuschlags Widerspruch erhoben oder wenn es streitig geblieben ist, für welches Gebot oder welchem Bieter oder unter welchen Bedingungen der Zuschlag zu ertheilen sei, hat der Richter das in Betracht kommende Sach- und Rechtsverhältniß nebst den Anträgen und Beweisantretungen der Betheiligten in das Protokoll aufzunehmen.

Dasselbe muß nach Schluß der Verhandlung den Betheiligten vorgelesen werden. Einer Vollziehung desselben durch diese bedarf es jedoch nicht.

§. 35. Ein Widerspruch des Schuldners gegen Fortsetzung der Subhastation oder Ertheilung des Zuschlags, gegründet auf die Behauptung, daß er den Gläubiger, welcher die Subhastation beantragt hat, befriedigt habe, oder daß das Urtheil, auf welchen der Subhastations-Antrag beruht, nicht vollstreckbar sei, darf nur bis zu dem im §. 32. gedachten Zeitpunkte berücksichtigt werden.

Dasselbe gilt von dem Widerspruche eines Dritten, gegründet auf ein Recht, welches im Falle seines Bestehens den Verkauf überhaupt oder an den Meistbietenden oder unter den festgestellten Bedingungen unzulässig machen würde.

§. 36. Ueber den Widerspruch des Schuldners (§. 35. Al. 1.) hat der Prozeßrichter, sofern die Vollstreckbarkeit der Forderung seiner Prüfung unterliegt, nach den für die Aufhebung oder Sistirung der Vollstreckung gegebenen Vorschriften zu entscheiden.

Wird jedoch der Widerspruch erst innerhalb vier Wochen vor dem Versteigerungs-Termine bei ihm angebracht, so darf derselbe nur dann Berücksichtigung finden, wenn er auf öffentliche Urkunden oder solche Privaturkunden gegründet wird, zu deren Anerkennung oder Diffitirung der Gläubiger verpflichtet ist.

Wenn der Subhastations-Richter von dem Prozeß-Richter bis zum Schlusse des Versteigerungs-Termins davon in Kenntniß gesetzt wird, daß der Anspruch des Gläubigers für nicht vollstreckbar erachtet oder die Sistirung der Vollstreckung beschlossen sei, so hat derselbe mit dem weiteren Verfahren inne zu halten.

Bringt der Schuldner seinen Widerspruch erst im Versteigerungs-Termine oder zu einer Zeit, zu welcher sich bis dahin eine Entscheidung des Prozeß-Richters nicht mehr einholen läßt, bei dem Subhastations-Richter an, so darf von diesem das Verfahren nur dann bis zur Entscheidung des Prozeß-Richters ausgesetzt werden, wenn der Widerspruch auf Befriedigung des Gläubigers gestützt, von dem Subhastations-Richter rechtlich begründet gefunden und demselben in seinen thatsächlichen Verhältnissen durch öffentliche Urkunden oder solche Privaturkunden glaubhaft gemacht wird, zu deren Anerkennung oder Diffitirung der Gläubiger verpflichtet ist.

§. 37. Wird von einem Dritten ein Widerspruch der im §. 35. Abs. 2. gedachten Art bei dem Subhastationsrichter erhoben, so muß dieser das weitere Verfahren bis zur rechtskräftigen Entscheidung des zuständigen Prozeßrichters über denselben aussetzen, wenn er den Widerspruch rechtlich begründet und zugleich die demselben zum Grunde liegenden Thatsachen glaubhaft gemacht findet.

Im Falle der Aussetzung hat der Subhastationsrichter dem Dritten eine nach den Verhältnissen abzumessende präklusivische Frist zu bestimmen, binnen welcher derselbe zur Vermeidung der Fortsetzung der Subhastation die Anstellung der Klage bei dem zuständigen Gerichte nachweisen muß.

Hat der Dritte seinen Widerspruch bei dem zuständigen Prozeßrichter im Wege der Klage geltend gemacht, so muß der Subhastationsrichter mit dem Verfahren inne halten, wenn er von dem Prozeßrichter bis zum Schlusse des Versteigerungs-Termins darum ersucht wird.

§. 38. Wird in den Fällen der §§. 36. und 37. das Verfahren fortgesetzt, später aber der Widerspruch für begründet erklärt, so hat dies auf die Wirksamkeit des Zuschlagsurtheils (§. 39.) keinen Einfluß, unbeschadet des Anspruchs des Widersprechenden auf die Kaufgelder und unbeschadet seines Rechts, geeigneten Falls auf Schadenersatz oder wegen unrechtmäßiger Bereicherung zu klagen.

§. 39. Der Zuschlag erfolgt durch ein Urtheil, welches der Subhastationsrichter auf Grund des Versteigerungs-Protokolls und der Akten ohne weitere Verhandlung — von dem Falle des §. 45. abgesehen — zu erlassen hat.

§. 40. In der Formel des Urtheils sind das unter Subhastation gestellte Grundstück, der Ersteher und das Gebot, für welches der Zuschlag ertheilt wird, sowie die etwaigen besonderen Bedingungen, unter welchen derselbe erfolgt, genau und vollständig zu bezeichnen.

Auf eine Abtretung der Rechte aus dem Meistgebote, welche Seitens des Meistbietenden stattgehabt hat, ist dabei keine Rücksicht zu nehmen.

§. 41. In der Urtheilsformel (§. 40.) sind zugleich denjenigen Personen, welche in Folge der öffentlichen Aufforderung (§. 13. Nr. 7.) Rechte angemeldet haben, dieselben vorzubehalten, diejenigen dagegen, welche ihre Rechte nicht spätestens im Versteigerungs-Termine angemeldet haben, mit denselben zu präkludiren.

Gegen diese Präklusion findet das Rechtsmittel statt, welches zustehen würde, wenn das Aufgebot außerhalb des Subhastations-Verfahrens erfolgt wäre.

Der Vorbehalt der angemeldeten Rechte, gleichviel ob derselbe von vornherein oder zufolge des gegen die Präklusion eingelegten Rechtsmittels ausgesprochen ist, berührt die Wirksamkeit des Zuschlagurtheils nicht. Insoweit die vorbehaltenen Rechte mit demselben in Widerspruch treten, können sie nur gegen die Kaufgelder geltend gemacht werden.

§. 42. Die Ertheilung des Zuschlages darf nur versagt werden: 1) wenn das zur Subhastation gestellte Grundstück dem freien Verkehr entzogen ist, oder wenn sich das Meistgebot auf ein anderes Grundstück bezieht; 2) wenn dem Meistbietenden die Fähigkeit zum Abschlusse eines Kaufvertrages oder zum Erwerbe des Grundstücks mangelt, oder das Meistgebot durch einen auch nachträglich nicht legitimirten Vertreter im Namen des Meistbietenden abgegeben ist; 3) wenn die vom Subhastationsrichter festgesetzten Bedingungen wohlerworbene Rechte verletzen; 4) wenn die Forderung, wegen deren die Subhastation eingeleitet worden ist, mittelst derselben nicht beigetrieben werden darf; 5) wenn der Subhastations-Antrag unter den Voraussetzungen des §. 32. zurückgenommen oder der Schuldner der Vorschrift des §. 33. nachgekommen ist; 6) wenn der Prozeßrichter dem Subhastations-Richter die im §. 36. gedachte Benachrichtigung hat zugehen lassen oder das im §. 37. erwähnte Ersuchen an ihn gestellt hat, oder der Subhastations-Richter die Sistirung des Verfahrens in den Fällen der §§. 36. und 37. beschlossen hat und die Voraussetzungen für die Wiederaufnahme desselben noch nicht eingetreten sind; 7) wenn zufolge der §§. 27. 28. ein neuer Versteigerungstermin angesetzt werden muß; 8) wenn das im §. 13. Nr. 7. vorgeschriebene Aufgebot nicht stattgehabt hat; 9) wenn eine der im Gesetze vorgeschriebenen Arten der Bekanntmachung des Versteigerungs-Termins nicht stattgehabt hat, wobei es jedoch bei einem Aushange nicht darauf ankommt, wie lange derselbe angeheftet gewesen ist; 10) wenn die Frist zwischen dem Tage, an welchem die Einrückung oder die erste Einrückung des Patents im Regierungs-Amtsblatte erfolgte und dem Versteigerungstermine, um mehr als eine Woche kürzer ist, als die geringste gesetzliche Subhastationsfrist; 11) wenn ein Interessent (§. 14), dessen Rechte durch Ertheilung des Zuschlags beeinträchtigt werden würden, zum Versteigerungs-Termine nicht gehörig geladen worden ist (§§. 18. 19.); 12) wenn der Schuldner von dem Beitritte eines Gläubigers zur Subhastation nicht gemäß §. 19. benachrichtigt worden ist und die Subhastation nur wegen der Forderung dieses Gläubigers fortgesetzt wird; 13) wenn den Bestimmungen im ersten Satze des §. 25. nicht genügt ist.

§. 43. Liegt eines dieser Hindernisse vor, so spricht der Subhastationsrichter in einem außer dem Falle des §. 45. ohne weitere Verhandlung zu erlassenden Urtheile die Unzulässigkeit des Zuschlags aus.

§. 44. Kann die Verkündung des Urtheils (§§. 39. 43.) in dem im Subhastations-Patente anberaumten Termine nicht erfolgen, so wird ein anderweitiger Termin dazu bestimmt.

Die Bekanntmachung des Termins erfolgt durch Aushang an der Gerichtsstelle und durch einmalige Einrückung in den Anzeiger des Regierungsamtsblatts. Einer Ladung der Interessenten, einschließlich des Meistbietenden, bedarf es nicht.

§. 45. Im Falle eines Widerspruchs oder Streites fällt der Subhastationsrichter das Urtheil, nachdem er die im Verkündigungs-Termine erschienenen Betheiligten mit ihren Ausführungen gehört hat.

Aus dem Versteigerungs-Protokolle nicht erhellende Anträge, Thatsachen und Beweismittel darf er jedoch nicht berücksichtigen.

§. 46. Interessenten, welche weder im Versteigerungs-Termin erschienen, noch zu demselben geladen sind, obschon ihre Ladung erforderlich war, erhalten eine Ausfertigung des ergangenen Urtheils.

Im Uebrigen genügt die Verkündung desselben im Termine. Wenn der Zuschlag ertheilt worden, so erfolgt die Verkündung desselben den präkludirten Realberechtigten gegenüber nach den für die Verkündung der Präklusions-Erkenntnisse bestehenden allgemeinen Vorschriften.

§. 47. Gegen das Urtheil findet in allen Fällen nur eine Beschwerde bei dem Appellationsgerichte statt.

§. 48. Zur Einlegung der Beschwerde ist jeder durch das Urtheil benachtheiligte Subhastations-Interessent befugt. Die Beschwerde steht auch dem Bieter zu, welcher den Zuschlag für sich verlangt hat und behauptet, daß ihm derselbe hätte ertheilt werden müssen, sowie dem Ersteher, welcher behauptet, daß ihm der Zuschlag nicht oder unter anderen als den in das Zuschlagsurtheil aufgenommenen Bedingungen zu ertheilen gewesen wäre.

§. 49. Ist der Zuschlag verweigert worden, so kann die Beschwerde nur darauf gegründet werden, daß keiner der in diesem Gesetze angegebenen Versagungsgründe vorliege.

§. 50. Ist der Zuschlag ertheilt worden, so kann die Beschwerde nur auf einen der in diesem Gesetze angegebenen Versagungsgründe, sowie darauf gestützt werden, daß das Zuschlagsurtheil mit dem Inhalte des Versteigerungs-Protokolls oder den festgesetzten Kaufbedingungen nicht übereinstimmt.

§. 51. Der Beschwerdeführer darf Gründe nicht geltend machen, welche nur die Rechte anderer Betheiligten betreffen.

Die Beschwerde kann auch nicht auf einen Grund gestützt werden, welchen der Beschwerdeführer im Versteigerungstermine geltend zu machen im Stande war, jedoch nicht geltend gemacht hat.

Auch ein im Versteigerungstermine nicht erschienener, aber dazu gehörig vorgeladener Interessent kann aus dem bis dahin stattgehabten Verfahren keinen Beschwerdegrund herleiten.

§. 52. Die Beschwerde kann nur durch den Inhalt der Akten, wie er zur Zeit, als das Urtheil erging, vorhanden war und berücksichtigt werden durfte (§. 45), begründet werden. Die Anführung neuer Thatsachen und Beweismittel ist unstatthaft.

§. 53. Die Frist zur Einlegung der Beschwerde beträgt vierzehn Tage. Sie wird vom Tage der Verkündung des Urtheils, im Falle des §. 46. Absatz 1. vom Tage der Zustellung desselben berechnet. Eine Verlängerung derselben findet nicht statt. Beschwerdegründe, die innerhalb derselben nicht aufgestellt sind, dürfen nicht berücksichtigt werden.

§. 54. Als Gegner des Beschwerdeführers sind alle diejenigen Betheiligten anzusehen, welche ein Interesse an der Aufrechterhaltung des angefochtenen Urtheils haben.

§. 55. Die Beschwerde wird nach den Vorschriften erledigt, welche für das Rechtsmittel der Appellation in schleunigen Sachen gegeben sind.

Der Termin zur mündlichen Verhandlung ist möglichst so anzusetzen, daß den Gegnern des Beschwerdeführers eine vierzehntägige Frist zur Beantwortung der Beschwerde frei bleibt. Für diese gilt die Beschränkung des §. 52.

Das Appellationsgericht entscheidet endgiltig über Ertheilung oder Versagung des Zuschlags; ändert dasselbe ein den Zuschlag versagendes Urtheil ab, so hat es denselben zu ertheilen.

§. 56. Wird der Zuschlag versagt, so sind die zur Ausführung des etwa aufgehobenen Zuschlagsurtheils getroffenen Maßregeln rückgängig zu machen. Die Rückgewähr des auf Grund desselben Gegebenen oder Geleisteten darf mittelst Zwangsvollstreckung herbeigeführt werden.

§. 57. Soweit das Zuschlagsurtheil nicht etwas Anderes bestimmt, erfolgt die Uebergabe des Grundstücks an den Ersteher erst nach Berichtigung des Kaufgeldes. Steht das Grundstück unter Sequestration, so wird diese auf Rechnung des Erstehers bis dahin weiter fortgesetzt. Besteht keine Sequestration, so ist jeder Gläubiger, der aus dem Kaufgelde Befriedigung erlangt, befugt, die Einleitung der Sequestration auf Kosten des Erstehers zu verlangen. Auch der Ersteher hat diese Befugniß.

Auf seinen Antrag wird die Uebergabe durch den Subhastationsrichter an Ort und Stelle bewirkt.

§. 58. Die Kosten des Zuschlags-Urtheils fallen dem Ersteher zur Last; die übrigen Kosten der Subhastation werden aus den Kaufgeldern entnommen, unbeschadet der Vorschrift im §. 3. des diesem Gesetze beigegebenen Tarifs.

§. 59. Wenn der Ersteher das Kaufgeld nicht zur bestimmten Zeit zahlt, so ist jeder Betheiligte, welchem ein Theil des Kaufgeldes gebührt (§§. 66. 67.), wegen dieses Theils nach seiner Wahl entweder die Re-Subhastation des Grundstücks — unmittelbar bei dem Subhastationsrichter — zu beantragen, oder die Zwangsvollstreckung in das übrige Vermögen des Erstehers nachzusuchen befugt.

Kein Betheiligter ist bei Ausübung des Wahlrechts an die Zustimmung der übrigen Betheiligten gebunden.

Die Re-Subhastation erfolgt als neue Subhastation nach den Vorschriften dieses Gesetzes.

Der Ersteher bleibt für den Ausfall, welchen die neue Subhastation ergiebt, dergestalt verhaftet, daß deshalb die Zwangsvollstreckung in sein übriges Vermögen sofort nachgesucht werden kann; dagegen gebührt ihm auch der etwaige Mehrerlös.

2. Von der Vertheilung der Kaufgelder.

§. 60. Aus den Kaufgeldern des subhastirten Grundstücks werden die Realgläubiger in der Reihenfolge und dem Umfange befriedigt, welche für die Vertheilung der Kaufgelder im Falle des Konkurses festgesetzt sind.

Wenn hiernach die zur Zeit der Einleitung der Subhastation bereits vorhandenen Realgläubiger befriedigt sind, so dient der Ueberrest der Kaufgelder in nachstehender Reihenfolge zur Befriedigung: 1) dieser Realgläubiger wegen älterer als zweijähriger Rückstände an Hypothekenzinsen und anderen Prästationen, sowie zur Befriedigung der Gläubiger, welche die Subhastation beantragt haben, oder ihr beigetreten sind; 2) derjenigen Realgläubiger, deren Forderungen erst nach Einleitung der Subhastation entstanden sind, in Gemäßheit der Vorschriften des ersten Absatzes; 3) dieser Realgläubiger (Nr. 2.) wegen älterer als zweijähriger Rückstände an Hypothekenzinsen und anderen Prästationen, sowie derjenigen Gläubiger, für welche das Kaufgeld mit Beschlag belegt worden ist.

§. 61. Reicht in den Fällen des §. 60. Nr. 1. und 3. das Kaufgeld zur Befriedigung sämmtlicher Gläubiger nicht hin, so bestimmt sich ihre Rangordnung bei der Vertheilung nach den Vorschriften über die Rangordnung der Konkurs-Gläubiger.

Insofern nach diesen Vorschriften bei Bestimmung der Vorrechte der Zeitpunkt der Konkurs-Eröffnung in Betracht kommt, ist an dessen Stelle der Tag maßgebend, an welchem die Subhastation eingeleitet, der Beitritt zugelassen oder die Beschlagnahme erfolgt ist.

Diejenigen Forderungen, welche im Konkurse nicht geltend gemacht werden können, sind erst nach vollständiger Berichtigung aller übrigen Forderungen aus der Masse zu berichtigen.

Der Lauf der Zinsen wird durch das Vertheilungs-Verfahren nicht gehemmt.

Die Vertheilung erfolgt durch den Subhastations-Richter in dem in Gemäßheit des §. 62 anberaumten Termine.

§. 62. Nach der Verkündung des Zuschlags-Urtheils wird von dem Subhastations-Richter ein Termin zur Belegung und Vertheilung der Kaufgelder bestimmt.

Zu diesem Termine sind die Subhastations-Interessenten, sowie der Ersteher zu laden. Ein Gläubiger, für den das Kaufgeld mit Beschlag belegt ist, wird, sobald die Beschlagnahme zu den Subhastationsakten angezeigt ist, zu dem Kaufgelder-Belegungsverfahren ebenfalls zugezogen.

Der Termin ist zugleich durch Aushang an der Gerichtsstelle bekannt zu machen.

§. 63. Ist gegen das Zuschlags-Urtheil eine Beschwerde eingelegt, so muß die Ausführung der Vertheilung auf Antrag des Erstehers bis zur Rechtskraft des Urtheils ausgesetzt bleiben.

§. 64. Wenn der Ersteher in dem Termine nicht erscheint, so wird angenommen, daß er die Kaufgelder nicht erlegen könne, und mit der Vertheilung der letzteren ohne seine Zuziehung verfahren.

Die Ansprüche eines im Hypothekenbuche nicht eingetragenen Real-Gläubigers, welcher sich im Termine nicht einfindet, bleiben bei der Vertheilung der Kaufgelder unberücksichtigt, ohne Unterschied, ob er dieselben bereits angemeldet hatte oder nicht. Ausgenommen hiervon sind jedoch die Kassen und Anstalten, welchen das Grundstück zu den in den §§. 47 bis 49 und 51 der Konkurs-Ordnung vom 8. Mai 1855 bezeichneten Abgaben und Leistungen verpflichtet ist, falls sie ihre Liquidation bis zur Vertheilung schriftlich einreichen.

Findet sich ein in das Hypothekenbuch eingetragener Real-Gläubiger im Termine nicht ein, so erfolgt die Belegung und Vertheilung der Kaufgelder ohne seine Zuziehung in der Art, daß der auf ihn fallende Theil der Kaufgelder auf seine Gefahr und Kosten zum Depositum genommen, nach erfolgter Belegung der Kaufgelder das Realrecht seiner Forderung für aufgehoben erachtet und die Löschung derselben im Hypothekenbuche veranlaßt wird, ohne daß dazu die Beibringung der Hypotheken-Urkunde erforderlich ist, während er für jeden Mißbrauch der letzteren verantwortlich bleibt. Die Löschung einer in gänzlich unbestimmter Höhe eingetragenen Forderung erfolgt in gleicher Weise, ohne daß jedoch dem ausbleibenden Gläubiger von Amtswegen ein Betrag auf dieselbe angesetzt wird.

Ist die Forderung des Gläubigers, welcher die Subhastation beantragt hat, in das Hypothekenbuch nicht eingetragen, so wird im Falle seines Ausbleibens mit Belegung und Vertheilung der Kaufgelder ohne seine Zuziehung verfahren und der ihm gebührende Theil derselben auf seine Gefahr und Kosten in gerichtliche Verwahrung genommen.

Derselbe Rechtsnachtheil trifft den ausbleibenden Schuldner.

Durch die vorstehenden Bestimmungen wird das Recht des nicht erschienenen Gläubigers und Schuldners nicht ausgeschlossen, die Vertheilung der Kaufgelder gegen die Betheiligten nachträglich mit einer besonderen Klage anzufechten.

§. 65. Im Termine wird zuvörderst festgestellt, was der Ersteher an Kaufgeldern und Zinsen zu gewähren hat und wie viel die zu vertheilende Masse nach Abzug der ihr zur Last fallenden Subhastationskosten (§. 58) beträgt.

Demnächst haben sich die Interessenten über die Ansprüche, welche an die Kaufgelder gemacht werden, aus dem Hypothekenbuche hervorgehen oder von Amtswegen berücksichtigt werden müssen (§. 64, Absatz 2 und 4) und über das dafür verlangte oder aus dem Hypothekenbuche hervorgehende beziehungsweise sonst gesetzliche Vorrecht zu erklären.

§. 66. Sind die Interessenten einig oder werden die entstandenen Streitigkeiten beigelegt, so ist demgemäß sofort die Vertheilung der Masse zu bewirken.

Soweit der Ersteher eine zur Hebung kommende Forderung nicht mit Einwilligung des Gläubigers übernimmt, wird dieselbe aus den Kaufgeldern bezahlt oder ein entsprechender Theil des Kaufgelderrückstandes dem Gläubiger überwiesen. Eine solche Ueberweisung wirkt nur die Tilgung des Realanspruchs.

Der auf eine in das Hypothekenbuch eingetragene Forderung, deren gegenwärtiger Eigenthümer unbekannt ist, oder zu welcher sich kein legitimirter Empfänger meldet, zu zahlende Betrag wird auf Gefahr und Kosten des betreffenden Gläubigers als Spezialmasse in gerichtlicher Verwahrung zurückbehalten.

§. 67. Wenn eine Einigung der Interessenten nicht stattfindet, so entwirft der Subhastations-Richter, nöthigenfalls mit Hülfe eines Rechnungs-Verständigen, im Termine einen Theilungsplan, vermerkt bei jeder Forderung, wer die Richtigkeit, das Hypothekenrecht oder das Vorrecht derselben bestreitet, berechnet die Beträge, welche auf die Forderungen, soweit sie unstreitig sind, gezahlt werden können, und vernimmt bei jeder Forderung die Interessenten, ob sie in die Auszahlung willigen.

Die Forderungen, bei denen Niemand etwas erinnert, werden berichtigt; die zur Hebung gelangenden streitigen Beträge werden als Spezialmassen in gerichtlicher Verwahrung zurückbehalten, wenn nicht zwischen allen bei einer solchen Forderung Betheiligten ein anderweites Abkommen getroffen wird.

§. 68. Einem in das Hypothekenbuch eingetragenen Realgläubiger, welcher im Termine nicht erschienen ist, werden außer dem Kapitalbetrage nur die laufenden Hypothekenzinsen oder andere Prästationen, nicht auch Rückstände und Kosten berechnet.

Erscheint der Gläubiger, welcher wegen einer nicht eingetragenen Forderung die Subhastation beantragt hat, im Termine nicht, so wird der ihm gebührende Betrag nach Lage der Akten berechnet.

Ein erschienener Gläubiger ist nicht befugt, seine im Termine aufgestellte Liquidation nachträglich zu ergänzen.

§. 69. In verwickelten Sachen kann der Subhastations-Richter schon vor dem Termine unter Zuziehung eines Rechnungs-Verständigen einen vorläufigen Theilungsplan anfertigen, welcher alsdann bei der Verhandlung im Termine zum Grunde zu legen ist.

§. 70. Der Schuldner ist befugt, die Richtigkeit, das Realrecht und das Vorrecht der einzelnen Forderungen zu bestreiten.

In gleicher Art ist hierzu auch jeder Realgläubiger, sowie der Gläubiger, auf dessen Antrag die Subhastation eingeleitet ist, insofern befugt, als durch die Theilnahme der einzelnen Forderungen an der Masse oder durch die Ausübung des verlangten Vorrechts seiner Befriedigung Eintrag geschieht.

Inwiefern eine Forderung aus dem Grunde angefochten werden kann, weil der persönliche Anspruch bereits erloschen sei, bestimmt sich nach den Vorschriften des bürgerlichen Rechts.

§. 71. Jeder im Termine anwesende Realgläubiger, sowie der Gläubiger, auf dessen Antrag die Subhastation eingeleitet ist, kann unter der Voraussetzung des §. 70. Absatz 2. im Wege der Einwendung die nachbezeichneten Forderungen anderer Gläubiger nach Maßgabe der im ersten Abschnitte des fünften Titels der Konkursordnung vom 8. Mai 1855 ertheilten näheren Bestimmungen (§. 375. daselbst) als ungiltig anfechten: 1) Forderungen aus Rechtshandlungen, welche der Schuldner in der dem andern Theile bekannten Absicht vorgenommen hat, sie nur zum Schein vorzunehmen oder die Gläubiger auf andere Weise zu bevortheilen; 2) Forderungen aus Entscheidungen und Mandaten, wenn dabei Umstände zum Grunde liegen, bei welchen eine gleiche Absicht (Nr. 1.) erhellt; 3) Forderungen aus freigebigen Verfügungen (insbesondere Schenkungen, Erbes- oder Vermächtniß-Entsagungen, imgleichen solchen Verfügungen, welche zwar unter lästigem Titel vorgenommen, aber wegen des zwischen der Leistung des Pfandbestellers und der Gegenleistung obwaltenden erheblichen Mißverhältnisses als freigebige Verfügungen des Pfandbestellers zu erachten sind), welche der Pfandbesteller zum Vortheile seines Ehegatten nach geschlossener Ehe vorgenommen hat; 4) Forderungen der Ehefrau des Pfandbestellers oder der Rechtsnachfolger der Ehefrau auf Befriedigung wegen des in die Verwaltung des Mannes gekommenen Vermögens der Ehefrau, sofern ein Fall der gesetzlichen Verpflichtung zur Sicherstellung der Ehefrau oder zur Herausgabe des Vermögens derselben nicht vorlag; 5) Forderungen, die sich auf Empfangsbekenntnisse, Anerkenntnisse oder Zugeständnisse gründen, welche der Pfandbesteller seinem Ehegatten gegenüber, vor oder nach geschlossener Ehe, ausdrücklich oder stillschweigend, insbesondere im Kontumazial-Verfahren, abgegeben hat, sofern nicht die Richtigkeit des Empfangsbekenntnisses, Anerkenntnisses oder Zugeständnisses, oder der im Kontumazial-Verfahren festgestellten Umstände anderweit nachgewiesen wird.

§. 72. Inwiefern diejenigen Hypotheken, welche eingetragen oder von dem Eigenthümer des Grundstücks abgetreten werden, nachdem das Gesetz über den Eigenthumserwerb und die dingliche Belastung der Grundstücke, Bergwerke und selbstständige Gerechtigkeiten Gesetzeskraft erlangt hat, dem Anfechtungsrechte der Gläubiger (§. 71.) unterliegen, ist nach den Vorschriften des gedachten Gesetzes zu beurtheilen.

§. 73. Wenn eine Forderung in Ansehung der Richtigkeit, des Realrechts oder des Vorrechts bestritten wird, so hat der Gläubiger, welcher dieselbe geltend macht, seinen Anspruch gegen die widersprechenden oder anfechtenden Interessenten (§§. 70. 71.) in einem besonderen Prozesse auszuführen.

Zu diesem Behufe muß der Gläubiger den Anspruch im Termine näher begründen oder sich eine besondere Klageschrift vorbehalten. Wenn dies nicht geschieht, oder wenn er die Klage nicht binnen vierzehn Tagen einreicht, so wird angenommen, daß er sich lediglich auf den Inhalt des Hypothekenscheins und der überreichten Urkunden bezieht.

Wird eine besondere Klage nicht eingereicht, so dient eine Abschrift des Protokolls oder ein Auszug aus demselben in dem Spezialprozesse als Klageschrift.

Auf die Klage ist mit der Klagebeantwortung, sowie mit der Verhandlung und Entscheidung der Sache nach den für den ordentlichen Prozeß geltenden Vorschriften weiter zu verfahren.

Das Urtheil muß zugleich darüber entscheiden, an wen der Kaufgelderbetrag auszuzahlen oder zu überweisen sei, oder nach Befinden die anderweite Vertheilung anordnen.

Die Zuständigkeit des Subhastationsrichters zur Entscheidung der Spezialprozesse reicht so weit, als die des Einzelrichters im Prozesse überhaupt. Soweit hiernach seine Zuständigkeit ausgeschlossen ist, gebührt Verhandlung und Entscheidung der für größere Prozesse kompetenten Deputation des Subhastationsgerichts.

§. 74. Wenn eine Forderung ungetheilt auf mehreren Grundstücken haftet, so kommen die für diesen Fall im Konkurse eintretenden Vorschriften zur Anwendung.

§. 75. Die noch nicht fälligen Forderungen werden wie fällige behandelt; der Gläubiger kann die Annahme einer noch nicht fälligen Forderung nicht verweigern.

Ist eine solche Forderung unverzinslich, so tritt Vergütung der Zwischenzinsen nach den Bestimmungen ein, welche im Falle des Konkurses bei noch nicht fälligen, unverzinslichen Forderungen der Konkursgläubiger gelten.

§. 76. Hinsichtlich der bedingten Forderungen gelten für die Vertheilung folgende Grundsätze: 1) ist die Bedingung eine aufschiebende, so erhalten diejenigen Betheiligten, deren Befriedigung durch die bedingte Forderung verhindert wird, den auf dieselbe fallenden Betrag mit der Verpflichtung zur Rückgewähr an den bedingten Gläubiger für den Fall des Eintritts der Bedingung und gegen Sicherheitsstellung; 2) ist die Bedingung eine auflösende, so wird dem Gläubiger der auf seine bedingte Forderung fallende Betrag gegen Sicherheits-Bestellung für den Fall des Eintritts der Bedingung gezahlt oder überwiesen, und zugleich bestimmt, an wen für diesen Fall der Rückgewähr zu leisten ist; 3) so lange die empfangsberechtigten Betheiligten eine den gesetzlichen Vorschriften entsprechende oder von den übrigen Betheiligten für genügend erachtete Sicherheit nicht bestellen, bleibt die Summe in gerichtlicher Verwahrung. Die aufkommenden Deposital-Zinsen gebühren demjenigen, welcher das Kapital gegen Sicherheits-Bestellung verlangen konnte.

§. 77. Besteht eine Forderung in dem Anspruche auf fortlaufende Hebungen, so bleibt der Betrag, welcher bei der Vertheilung auf das zur Deckung der künftigen Hebung angesetzte Kapital fällt, in gerichtlicher Verwahrung.

Zugleich wird bestimmt, wem das Kapital bei dem Aufhören der Hebungen zufallen soll.

So oft die Deposital-Zinsen zur Berichtigung der Hebungsbeträge nicht hinreichen, wird der fehlende Betrag aus dem Kapital entnommen.

§. 78. Die Urkunden über die Forderungen, welche durch Zahlung getilgt sind, werden kassirt und zu den Subhastations-Akten genommen. Die Urkunden über alle übrigen Forderungen sind an die Gläubiger zurückzugeben, nachdem der Subhastations-Richter auf denselben im Termine bekundet hat, ob und bis zu welchem Betrage die Forderung zur Hebung gekommen ist, und wenn der Ersteher die Forderung in Anrechnung auf die Kaufgelder übernommen hat, daß und bis zu welchem Betrage dies geschehen ist.

Der wörtliche Inhalt dieser Beurkundungen ist in das Protokoll aufzunehmen.

§. 79. Nach dem Termine ist das über die Verhandlung aufgenommene Protokoll für den Ersteher auszufertigen.

Auf Grund dieser Ausfertigung ist in dem Hypothekenbuche bei Eintragung des Eigenthums des Erstehers, die Löschung des Subhastations-Vermerks und aller Realforderungen zu bewirken, welche nicht nach gesetzlicher Vorschrift auf den Ersteher übergehen, oder von demselben namentlich übernommen worden sind.

Gleichzeitig ist der aus dem Protokolle sich ergebende etwaige Kaufgelder-Rückstand in das Hypothekenbuch einzutragen. Der Eintragungs-Vermerk hat zugleich die den einzelnen Gläubigern überwiesenen Antheile zu bezeichnen, sowie die Rangordnung derselben anzugeben. Als Eintragungs-Urkunde dient eine Ausfertigung des Zuschlags-Urtheils und des Protokolls über die Belegung und Vertheilung der Kaufgelder. Jeder Gläubiger, welchem ein Antheil an dem Rückstande überwiesen ist, hat die Befugniß zu verlangen, daß ihm von dieser Eintragungs-Urkunde, nach Maßgabe des ihm zustehenden Vorrechts, eine Theil-Obligation abgezweigt wird.

Der Subhastations-Richter hat um die im Vorstehenden erwähnten Eintragungen und Löschungen die Hypotheken-Behörde von Amtswegen zu ersuchen.

Jedem Gläubiger, dessen Forderung von dem Ersteher in Anrechnung auf die Kaufgelder übernommen wird, ist auf Verlangen eine Ausfertigung des Kaufgelder-Belegungsprotokolls zu ertheilen.

3. Von dem Aufgebote der bei der Kaufgelder-Vertheilung gebildeten Spezialmassen.

§. 80. Wenn bei der Vertheilung der Kaufgelder sich Niemand mit Ansprüchen auf eine in das Hypothekenbuch eingetragene, zur Hebung gelangende Realforderung gemeldet hat, oder wenn der Gläubiger sich nicht durch Vorlegung der Hypotheken-Urkunde legitimiren kann, so ist den unbekannten Betheiligten von dem Subhastations-Richter ein Kurator zu bestellen.

§. 81. Der Kurator muß zu ermitteln suchen, ob die Forderung schon getilgt ist; er muß sich bemühen, die fehlende Hypotheken-Urkunde und den Inhaber derselben, sowie diejenigen zu erforschen, denen Eigenthumsrechte, Pfandrechte oder andere Rechte an der Forderung zustehen.

§. 82. Haben die Nachforschungen des Kurators keinen Erfolg, so liegt ihm ob, das Aufgebot der für die Forderung angelegten Spezialmasse oder des dem betreffenden Gläubiger überwiesenen Theils des Kaufgelder-Rückstandes bei dem Subhastations-Richter nachzusuchen.

Der Kurator hat die Versicherung abzugeben, daß er sich nach bestem Wissen und mit sorgfältiger Benutzung der von den Betheiligten ihm an die Hand gegebenen Mittel bemüht habe, die fehlende Hypotheken-Urkunde und den Inhaber derselben, sowie diejenigen zu erforschen, denen Rechte an der Forderung zustehen.

§. 83. Hat sich Niemand mit Ansprüchen auf die Forderung gemeldet, so ist die Ableistung eines Diligens-Eides nicht erforderlich. Wenn dagegen der Gläubiger sich gemeldet hat und nur die Urkunde nicht beschaffen kann, so muß dieser einen Eid dahin leisten:

> daß er die Urkunde nicht selbst besitze, daß ihm kein Anderer bekannt sei, der sie besitze, noch ein Ort, an dem sie sich befinden möge, und daß er dieselbe auch nicht zur Gefährdung fremder Rechte abhanden gebracht habe.

Behauptet der Gläubiger die erfolgte Vernichtung der Urkunde, so muß er den Eid dahin leisten:

> daß und in welcher Art die Urkunde vernichtet worden sei.

§. 84. Bei dem Aufgebot (§. 82.) ergeht die Aufforderung, daß alle diejenigen, welche an die Spezialmasse oder an den Kaufgelderrückstand Ansprüche geltend machen wollen, dieselben bei dem Subhastations-Richter spätestens in einem von demselben zu bestimmenden Termin, bei Vermeidung der Präklusion, anzumelden haben.

In der Aufforderung ist die Forderung, auf welche das Aufgebot sich bezieht, durch Benennung des aus dem Hypothekenbuche ersichtlichen Gläubigers und Schuldners, des Betrages der Forderung und des Datums der Urkunde, sowie durch Benennung des subhastirten Grundstückes zu bezeichnen.

§. 85. Die Bestimmung der Anmeldungsfrist und die öffentliche Bekanntmachung der Aufforderung (§. 84.) erfolgen nach den Vorschriften, welche bei nothwendigen Subhastationen hinsichtlich der Anberaumung des Bietungstermins und der Bekanntmachung desselben gelten. Der Kurator erhält eine Abschrift der Aufforderung.

§. 86. Nach Abhaltung des Termins ist ein Präklusions-Urtheil abzufassen. In demselben sind den Personen, welche sich gemeldet haben, ihre Rechte vorzubehalten; alle unbekannten Interessenten sind mit ihren Ansprüchen an die Spezialmasse oder den Kaufgelder-Rückstand auszuschließen.

Eine Ausfertigung des Erkenntnisses wird dem Kurator, sowie dem Gläubiger zugestellt, welcher sich bei der Kaufgeldervertheilung oder in Folge des Aufgebots zu der Post gemeldet hat.

Hinsichtlich der Verkündung des Präklusions-Urtheils gegenüber den Präkludirten und des gegen dasselbe zulässigen Rechtsmittels gelten die allgemeinen, in dieser Beziehung bestehenden Vorschriften.

§. 87. Nach der Abhaltung des Termins hat der Subhastations-Richter zur Auszahlung der Spezialmasse oder Ueberweisung des Kaufgelder-Rückstandes einen Termin zu bestimmen. Zu demselben sind zu laden: der Kurator, der Schuldner, gegen welchen die Subhastation stattgefunden hat, der im Hypothekenbuche zuletzt eingetragene Gläubiger und die etwa mit einem Pfandrechte oder andern Rechte an der Forderung eingetragenen Personen, sowie die übrigen Subhastations-Interessenten, welche überhaupt nicht oder nicht vollständig zur Hebung gekommen sind, und alle diejenigen, welche sich in Folge des Aufgebots gemeldet haben.

§. 88. Denjenigen, welcher im Termine nicht erscheint, trifft der Rechtsnachtheil, daß ohne seine Zuziehung über die Auszahlung oder Ueberweisung verhandelt und mit derselben verfahren wird, ohne daß seine Ansprüche berücksichtig werden. Hierdurch wird jedoch sein Recht nicht ausgeschlossen, die Zahlung oder Ueberweisung nachträglich gegen die Betheiligten mit einer besonderen Klage anzufechten.

§. 89. Wenn im Termine hinsichtlich der Auszahlung oder Ueberweisung Streit entsteht, so hat der Subhastationsrichter die an demselben betheiligten Personen mit ihren Erklärungen zu hören und demnächst das Verfahren bis zur Beschlußfassung über die Beweis-Aufnahme fortzuführen.

Das weitere Verfahren erfolgt im gewöhnlichen Prozesse nach den im letzten Absatze des §. 73. gegebenen Bestimmungen über die Zuständigkeit.

Die Anführung neuer Thatsachen ist in der alsbald anzuberaumenden mündlichen Verhandlung nicht mehr zulässig.

Das Urtheil hat darüber zu entscheiden, an wen die Spezialmasse auszuzahlen oder der Kaufgelder-Rückstand zu überweisen ist.

§. 90. Wenn bei der Kaufgeldervertheilung eine Spezialmasse aus dem Grunde gebildet werden muß, weil auf der Forderung nach dem Hypothekenbuche Rechte haften, deren gegenwärtige Inhaber unbekannt sind, so wird diesen unbekannten Interessenten ein Kurator bestellt und mit dessen Zuziehung die Vertheilung der Kaufgelder beendigt.

Zur Ermittelung:

ob der Hauptgläubiger ohne Zuziehung dieser Interessenten oder mit wessen Zuziehung die Spezialmasse oder den betreffenden Theil des Kaufgelder-Rückstandes zu erheben befugt sei,

ist nach den vorstehenden Bestimmungen (§§. 81 ff.) zu verfahren, jedoch mit den Maßgaben, welche die Natur des Falles mit sich bringt.

Der Hauptgläubiger hat, wenn sich die Sache durch die angestellten Ermittelungen nicht erledigt, einen Eid dahin zu leisten:

daß ihm nicht bekannt sei, daß noch irgend Jemandem auf das fragliche Recht ein Anspruch zustehe, und daß er nichts verschwiegen habe, was zur Ermittelung eines solchen Berechtigten führen könne.

§. 91. Die Kosten des Aufgebots-Verfahrens, einschließlich der Gebühren und Auslagen des Kurators, werden in allen Fällen aus der Spezialmasse oder dem betreffenden Theile des Kaufgelder-Rückstandes entnommen.

Die besonderen Kosten, welche durch die Verhandlung und Entscheidung über einen unbegründeten Anspruch oder Widerspruch erwachsen, fallen demjenigen zur Last, welcher denselben erhoben hat.

II. Andere Subhastations-Gegenstände.

§. 92. Die vorstehenden Vorschriften (§§. 5 bis 91) kommen, soweit dieselben nicht durch Natur und Verhältnisse der Grundstücke bedingt sind und in den nachstehenden Paragraphen nicht ein Anderes bestimmt ist, auch dann zur Anwendung, wenn die Zwangsvollstreckung in andere der Subhastation unterliegende Gegenstände, als Grundstücke, erfolgen soll.

§. 93. Bei der Subhastation solcher Gerechtigkeiten, bei welchen sich die Höhe der vom Bieter zu leistenden Sicherheit und deren Bestellung mit eingetragenen Forderungen nicht nach der Vorschrift der §§. 22 und 23 bestimmen läßt, setzt der Richter, erforderlichen Falls nach Anhörung eines Sachverständigen, die Höhe dieser Sicherheit fest. Die Bestellung derselben mit eingetragenen Forderungen (§. 23) ist in diesem Falle statthaft, wenn letztere innerhalb des Fünffachen des festgesetzten Betrages eingetragen stehen. Dieser ist im Subhastations-Patente anzugeben.

Hinsichtlich der Kohlen-Abbaugerechtigkeiten in den vormals Königlich Sächsischen Landestheilen gilt die Vorschrift des §. 109.

§. 94. Dem Antrage auf Einleitung der Subhastation eines Schiffes sind anstatt der im §. 6 bezeichneten folgende Urkunden beizufügen:

1) wenn das Schiff in ein Schiffsregister eingetragen ist, ein neuester Auszug aus demselben, welcher alle noch gültigen, das Schiff betreffenden Eintragungsvermerke enthält, und wenn daraus hervorgeht, daß der Schuldner nicht eingetragener Eigenthümer des Schiffes ist, eine seinen Eigenthumsbesitz glaubhaft machende öffentliche Urkunde;

2) wenn das Schiff nicht in das Schiffsregister eingetragen ist, eine den Eigenthumsbesitz des Schuldners glaubhaft machende öffentliche Urkunde, und sofern thunlich, diejenigen Urkunden in Urschrift oder beglaubigter Abschrift, aus welchen nach den Bestimmungen des bürgerlichen Rechts eine etwaige Verpfändung des Schiffs ohne körperliche Uebergabe zu ersehen ist.

Wird das Schiffsregister am Orte des Subhastationsrichters geführt, so vertritt eine Bezugnahme auf jenes die Stelle der zu 1. gedachten Bescheinigung.

§. 95. Die auf die Führung des Hypothekenbuchs Bezug habenden Vorschriften bleiben bei der Subhastation eines Schiffes außer Anwendung.

§. 96. In Betreff der Nothwendigkeit der Zuziehung zu den einzelnen Verhandlungen stehen die Schiffsgläubiger und alle übrigen mit einem Pfandrechte versehenen Gläubiger den Realgläubigern eines unter Subhastation gestellten Grundstücks, und diejenigen Gläubiger, welche in das Schiffsregister eingetragen sind, oder deren Rechte aus den im §. 94. unter Nr. 2. bezeichneten Urkunden hervorgehen, den in das Hypothekenbuch eingetragenen Gläubigern gleich.

§. 97. Im Subhastations-Patente sind alle Schiffsgläubiger und alle sonstigen Gläubiger, welche ein Pfandrecht an dem Schiffe in Anspruch nehmen, zur Anmeldung ihrer Rechte bei dem Subhastationsrichter aufzufordern.

Die Bestimmung im §. 13. Nr. 7. findet keine Anwendung.

§. 98. Im Subhastations-Patente ist der Betrag der von dem Bieter zu erlegenden Kaution anzugeben. Derselbe wird von dem Subhastationsrichter nach Anhörung eines Sachverständigen über den Werth des Schiffs bestimmt.

§. 99. Die Subhastationsfrist beträgt nach dem Ermessen des Subhastationsrichters vier Wochen bis drei Monate, bei registrirten Seeschiffen jedoch stets drei Monate. Sie wird von dem Tage an berechnet, an welchem die Bekanntmachnng des Subhastations-Patents zum ersten Male in dem Anzeiger eines Regierungs-Amtsblatts (§. 100.) erscheint.

§. 100. Das Subhastations-Patent ist bekannt zu machen: 1) durch Aushang an der Gerichtsstelle; 2) durch Einrückung in den Anzeiger des Amtsblatts der Regierung, in deren Bezirke der Subhastationsrichter seinen Sitz hat, sowie, wenn der Schuldner im Inlande einen Wohnort hat, derjenigen Regierung, in deren Bezirke dieser Wohnort sich befindet. Handelt es sich um ein in ein inländisches Schiffsregister eingetragenes Seeschiff, so erfolgt die Einrückung anstatt in den zuletzt bezeichneten Anzeiger in den der Regierung, in deren Bezirke das Schiff seinen Heimathshafen hat.

Im Uebrigen gelten hinsichtlich der Bekanntmachung die Vorschriften des §. 16.

§. 101. Während der Subhastation muß das Schiff an dem Orte bleiben, wo es sich bei deren Einleitung befindet.

Wenn es jedoch die Handelskonjunktur und das Beste der Interessenten rathsam erscheinen läßt, daß das Schiff während der Subhastation eine neue Fahrt antritt, so kann dies auf den Antrag der Interessenten von dem Subhastationsrichter unter der Bedingung gestattet werden, daß eine gehörige Versicherung des Schiffs erfolgt.

§. 102. Wird ein neuer Versteigerungs-Termin angesetzt (§§. 27., 28., 31.), so beträgt die Subhastationsfrist nach dem Ermessen des Richters vier bis sechs Wochen.

Für die öffentliche Bekanntmachung des Subhastationspatents sind die Bestimmungen des §. 98. maßgebend.

§. 103. Wenn die Vorschrift des §. 97. Absatz 1. nicht beobachtet worden ist, darf die Ertheilung des Zuschlags nicht erfolgen.

§. 104. Was zur Schiffsmasse gehört, die Rangordnung der Schiffsgläubiger und übrigen Pfandgläubiger und das Vorrecht dieser Gläubiger bestimmt sich nach den für den Fall des Konkurses eintretenden Vorschriften und nach den Bestimmungen der §§. 60. und 61., insofern diese letzteren nicht lediglich mit speziellen, die Realrechte an Grundstücken betreffenden Bestimmungen in Verbindung stehen.

§. 105. Ist das subhastirte Schiff ein in das Schiffsregister eingetragenes Seeschiff, so sind in Betreff der Eintragung des Erstehers als Eigenthümer des Schiffs in das Schiffsregister, in Betreff der in das letztere eingetragenen und nicht übernommenen Pfandrechte, sowie der Eintragung des Pfandrechts für den etwaigen Kaufgelderrückstand die Bestimmungen des §. 79. maßgebend.

§. 106. In Ansehung der aus dem Schiffsregister oder aus den zu den Akten gelangten anderweiten Urkunden (§. 94.) ersichtlichen Pfandrechte treten in den betreffenden Fällen die Vorschriften über das Aufgebot der Spezialmassen ein (§§. 80 ff.).

§. 107. Dem Antrage auf Subhastation eines verliehenen Bergwerks oder unbeweglichen Bergwerks-Antheils ist eine oberbergamtlich, gerichtlich oder notariell beglaubigte Abschrift der Verleihungs-Urkunde des Bergwerks beizufügen.

Mit dem Antrage auf Subhastation einer Kohlenabbau-Gerechtigkeit in den vormals Königlich Sächsischen Landestheilen ist eine in gleicher Art beglaubigte Abschrift des Aktes einzureichen, durch welchen die Gerechtigkeit vom Eigenthümer an der Grundoberfläche getrennt worden ist.

§. 108. Das Subhastations-Patent muß den Namen des Bergwerks, die Feldesgröße, das Mineral oder die Mineralien, auf welche das Bergwerkseigenthum verliehen ist, den Kreis, in welchem das Feld liegt, die demselben zunächst belegene Stadt benennen.

Bei der Subhastation von unbeweglichen Bergwerksantheilen ist die Zahl der Kuxe, in welche das Bergwerk getheilt ist, im Patente anzugeben.

Bei Kohlenabbau-Gerechtigkeiten (§. 107.) genügt eine nähere Bezeichnung derselben nach Lage und Umfang.

§. 109. Der Betrag der von dem Bieter zu leistenden Sicherheit ist bei der Subhastation der im §. 108. genannten Gegenstände von dem Subhastationsrichter, erforderlichen Falls nach Anhörung des zuständigen Revierbeamten über ihren Werth, festzusetzen und in das Subhastations-Patent aufzunehmen.

§. 110. Die Subhastationsfrist beträgt längstens drei Monate.

§. 111. Bei der Subhastation von Bergwerken und Bergwerksantheilen gehört der Repräsentant oder Grubenvorstand zu den Subhastations-Interessenten.

Zweiter Abschnitt.

Nothwendige Subhastation außerhalb der Zwangsvollstreckung.

§. 112. Die Vorschriften des ersten Abschnitts kommen auch zur Anwendung, wenn die nothwendige Subhastation beantragt wird:

1. von dem Benefizial-Erben,
2. von einem Miteigenthümer zum Zwecke der Auseinandersetzung.

§. 113. Für den unter Nr. 2. des §. 112. gedachten Fall gelten jedoch folgende Bestimmungen:

1. Die Wirkungen der nothwendigen Subhastation treten nur wider die Miteigenthümer, dagegen wider Pächter, Miether, Hypothekengläubiger und andere Berechtigte nur insofern ein, als auf dem Antheil des Miteigenthümers, gegen welchen zum Zweck der Auseinandersetzung auf Subhastation angetragen ist, und nicht auch auf dem Antheil des Miteigenthümers, welcher den Antrag gestellt hat, das betreffende Recht haftet. Ein Berechtigter, dessen Recht unberührt bleibt, wird bei dem Verfahren nicht zugezogen.

2. Behauptet der Miteigenthümer, gegen welchen auf Subhastation angetragen worden ist, daß die Theilung der gemeinschaftlichen Sache unzulässig sei, so kommen §. 35. Abs. 2. und §. 37. zur Anwendung.

3. Die in den Fällen der §§. 22. und 27. erforderliche Sicherstellung darf jeder Miteigenthümer durch Eintragung einer Kaution auf seinem Grundstück-Antheile leisten, vorausgesetzt, daß dieselbe die im §. 23. vorgeschriebene Sicherheit gewährt, und die über die Eintragung sprechende Urkunde gleichzeitig niedergelegt wird.

Schlußvorschriften.

§. 114. Die Kosten werden nach dem beigefügten Tarif erhoben. Die Bestimmungen des Letztern treten in den Fällen, in welchen nach der gegenwärtigen Subhastations-Ordnung verfahren wird, an die Stelle der im Artikel 12. des Gesetzes vom 9. Mai 1854 (Gesetz-Sammlung Seite 273.) getroffenen Bestimmungen.

§. 115. Das gegenwärtige Gesetz tritt mit dem ...... in Kraft. Ist jedoch zu diesem Zeitpunkte eine Subhastation bereits eingeleitet, so ist dieselbe nach den bisherigen Vorschriften zu Ende zu führen.

§. 116. Mit dem im §. 115. angegebenen Zeitpunkte treten außer Kraft:

die Verordnung vom 4. März 1834 über den Subhastations- und Kaufgelder-Liquidationsprozeß (Gesetz-Sammlung Seite 39.);

die §§. 5. und 24. der Verordnung vom 4. März 1834 über die Exekution in Civilsachen (Gesetz-Sammlung Seite 31.);

die Kabinets-Ordre vom 1. Juli 1834, betreffend die Taxation unbepfandbriefter adeliger Güter durch die Kredit-Direction (Gesetz-Sammlung Seite 88.);

die Verordnung vom 2. Dezember 1837 über die Subhastationen der Grundstücke von geringerm Werthe (Gesetz-Sammlung Seite 219.);

der §. 7. der Verordnung vom 14. Dezember 1833 über das Rechtsmittel der Revision und Nichtigkeitsbeschwerde (Gesetz-Sammlung Seite 302), soweit sich derselbe auf Adjudikations-Erkenntnisse bezieht;

der Artikel 2. der Deklaration dieser Verordnung vom 6. April 1839 (Gesetz-Sammlung Seite 126.);

die Nummern 21. I., 24., 32., 38., 39. und 42., soweit sich die beiden letzten auf das Adjudikations-Erkenntniß beziehen, der zur Ausführung der Verordnung vom 14. Dezember 1833 ergangenen Instruktion vom 7. April 1839 (Gesetz-Sammlung Seite 133.);

die §§. 13. und 14. des Gesetzes vom 20. März 1854, betreffend einige Abänderungen der Vorschriften über das Civilprozeß-Verfahren und die Exekution in Civilsachen (Gesetz-Sammlung Seite 115.);

der Artikel XVI. des Gesetzes vom 8. Mai 1855, betreffend die Einführung der Konkurs-Ordnung in den Landestheilen, in welchen das Allgemeine Landrecht und die Allgemeine Gerichts-Ordnung Gesetzeskraft haben (Gesetz-Sammlung Seite 317.);

die Verordnung vom 11. August 1843, betreffend die zum Zweck einer Auseinandersetzung eingeleiteten Subhastationen (Gesetz-Sammlung Seite 323.).

Außerdem treten für den Geltungsbereich des gegenwärtigen Gesetzes der erste Abschnitt des zweiundfünfzigsten Titels ersten Theils der Allgemeinen Gerichts-Ordnung und die auf diesen Abschnitt bezüglichen Anhangs-Paragraphen:

der §. 112. des vierundzwanzigsten Titels ersten Theils der Allgemeinen Gerichts-Ordnung;

der §. 348. Titel 11. Theil 1. des Allgemeinen Landrechts und der §. 15. des Anhangs zu demselben;

der dritte und vierte Abschnitt des fünften Titels (§§. 383. bis 415.) der Konkurs-Ordnung vom 8. Mai 1855 (Gesetz-Sammlung Seite 321.);

der §. 247. des Allgemeinen Berg-Gesetzes für die Preußischen Staaten vom 24. Juni 1865 (Gesetz-Sammlung Seite 705.);

mit dem im §. 115. bezeichneten Zeitpunkte außer Kraft.

§. 117. Wo in einem Gesetze auf die nach §. 116. aufgehobenen Vorschriften hingewiesen wird, treten die Vorschriften des gegenwärtigen Gesetzes an deren Stelle.

Nur insoweit findet das gegenwärtige Gesetz auf freiwillige Subhastationen und auf solche Subhastationen Anwendung, welche in Gemäßheit der Verordnung vom 10. April 1841 (Gesetz-Sammlung Seite 76.) erfolgen.

Kosten-Tarif.

§. 1. An Gerichtskosten werden erhoben:

1) für das ganze Subhastations-Verfahren, ausschließlich des Urtheils, durch welches der Zuschlag ertheilt wird, und des Kaufgelder-Belegungsverfahrens,

a. von dem Betrage bis 100 Thlr. einschließlich von je 25 Thalern	1 Thlr.	— Sgr.	
b. von dem Mehrbetrage bis 500 Thlr. einschließlich, von je 50 Thlr.	1 „	— „	
c. von dem Mehrbetrage bis 2000 Thlr. einschließlich, von je 100 Thlr. . . .	— „	25 „	
d. von dem Mehrbetrage bis 20,000 Thlr. einschließlich, von je 500 Thlr. . . .	1 „	15 „	
e. von dem Mehrbetrage von je 1000 Thlr.	1 „	15 „	

Die vorstehenden Sätze enthalten zugleich die Abgeltung: für das durch §. 13. Nr. 7. angeordnete Aufgebots-Verfahren, und das Urtheil, durch welches die Unzulässigkeit des Zuschlags ausgesprochen wird;

für die Bescheinigungen und Mittheilungen, welche der Subhastations-Richter von dem Prozeß-Richter hinsichtlich der Einleitung und Sistirung des Subhastations-Verfahrens und des Beitritts eines Gläubigers zu demselben erhält;

für die von dem Subhastations-Richter veranlaßte Thätigkeit der Hypothekenbehörde.

2) Wenn die Subhastation aufgehoben wird:

a. bevor das Subhastations-Patent zur öffentlichen Bekanntmachung oder an die Interessenten abgesendet worden ist $1/5$

b. nach diesem Zeitpunkte, jedoch vor Abhaltung des Versteigerungs-Termins . . . . $3/5$

der vorstehend bestimmten Sätze.

3) Für eine fortgesetzte Subhastation nach schon abgehaltenem Versteigerungs-Termin $2/5$ des ganzen Satzes zu 1.

4) Für das Urtheil, durch welches der Zuschlag ertheilt wird:

a. von dem Betrage bis 100 Thlr. einschließlich, von je 10 Thalern . . . . 7 Sgr.

b. von dem Mehrbetrage bis 500 Thlr. einschließlich, von je 50 Thlr. . . . . 5 „

c. von dem Mehrbetrage bis 20,000 Thlr. einschließlich, von je 100 Thlr. . . . . 5 „

Neben den unter Nr. 4. bestimmten Sätzen wird noch der Betrag des nach den Bestimmungen der Stempelgesetze zu berechnenden Werthstempels erhoben.

Wird auf erhobene Beschwerde das Urtheil, durch welches der Zuschlag ertheilt worden ist, aufgehoben und der Zuschlag versagt, so sind die nach Nr. 4. berechneten Kosten und Stempel niederzuschlagen.

5) Für das Kaufgelderbelegungs-Verfahren einschließlich der auf Grund desselben zu ertheilenden Ausfertigungen und Löschungen beim Hypothekenbuche, jedoch ausschließlich der Eintragung etwaiger Kaufgelder-Rückstände und des Aufgebots der bei der Kaufgelder-Vertheilung gebildeten Spezial-Massen:

a. von dem Betrage bis 200 Rthlr. von je 10 Rthlr. 10 Sgr.

b. von dem Mehrbetrage bis 1000 Rthlr. von je 10 Rthlr. 3 „

c. von dem Mehrbetrage bis 2000 Rthlr. von je 100 Rthlr. 15 „

d. von dem Mehrbetrage von je 100 Rthlr. . . . 5 „

§. 2. Wenn in einem und demselben Verfahren mehrere Grundstücke, Gerechtigkeiten, Schiffe ꝛc. zur Subhastation gezogen werden, so sind die Sätze zu 1., 2., 3. und 5. im §. 1. nach der Summe des Werths derselben, die Sätze zu 4. aber nach der Summe des Werths der jedem einzelnen Meistbietenden zugeschlagenen Gegenstände zu berechnen.

§. 3. Die Beträge sind nach dem Meistgebote, wenn es aber nicht zur Versteigerung kommt, a) in denjenigen Fällen, in welchen die vom Bieter zu bestellende Sicherheit nach dem Grundsteuer-Reinertrage oder Gebäudesteuer-

Nutzungswerthe bestimmt wird, nach dem zehnfachen Betrage dieser Sicherheit, b) in allen anderen Fällen nach der Summe zu berechnen, welche der Subhastationsrichter auf Grund der bei den Akten befindlichen Nachrichten zum Zwecke der Kostenberechnung als Werth des Gegenstandes der Subhastation festsetzt.

Erreicht das Meistgebot nicht $^2/_3$ der Werthe zu a. und b., so ist der letztere Betrag — $^2/_3$ dieser Werthe — bei Berechnung der Sätze zu 1., 3. und 4. im §. 1. zum Grunde zu legen.

Soweit in dem letzteren Falle das Kaufgeld zur Berichtigung der aus der Masse vorweg zu entnehmenden, durch Kosten-Vorschuß nicht gedeckten Kosten zu 1. und 3. im §. 1. unzureichend ist, bleibt der Ersteher für den überschießenden Betrag derselben verhaftet.

§. 4. Die Kosten der Einlegung und Verhandlung der Beschwerde — §§. 47. ff. — werden nach den Vorschriften und Grundsätzen berechnet, welche für den Kostenansatz bei Einlegung und Verhandlung der Appellation in schleunigen Sachen maßgebend sind. Daneben kommen die unter Nr. 4. bestimmten Sätze in Anwendung, wenn der von dem Subhastationsrichter versagte Zuschlag durch das Appellationsgericht ertheilt wird.

Erster Abschnitt.

A. Grundstücke.

I. Verfahren bis zur Vertheilung der Kaufgelder.

a. Einleitung der Subhastation.

Zu §. 5. und 6. Wie im bisherigen Verfahren ist unterschieden zwischen den Fällen, wo die Subhastation ohne vorausgegangenes prozessualisches Verfahren (auf Antrag der Miterben zum Zwecke der Auseinandersetzung, des Benefizialerben, des Konkurs-Verwalters) vor sich geht, und denjenigen, wo dies nicht der Fall ist, der im Wege der Exekution einzuleitenden Subhastation. Im ersteren Falle ist der Antrag auf Subhastation beim Subhastations-Richter, in allen übrigen beim Prozeß-Richter einzureichen.

In allen Fällen ist dem Antrage nach §. 6. Nr. 2. beizufügen eine Bescheinigung des Hypotheken-Richters, daß das Eigenthum des Schuldners eingetragen, oder, wenn dies nicht der Fall, soll der Antragsteller öffentliche Urkunden beifügen, welche glaubhaft machen, daß der Schuldner das Grundstück als Eigenthümer besitze.

Es kann nur gebilligt werden, daß dem Subhastations-Richter hier nicht die Pflicht auferlegt wird, was die Praxis bisher vorsorglich gethan, sich durch Einsicht der Grund-Akten zu versichern, daß kein Besitzwechsel zur Zeit des Antrages oder nachher stattgefunden, womit eine Garantie nie gewährt werden kann, daß neuere Verträge über den Eigenthums-Uebergang vorhanden, die das einzuleitende Verfahren zu hemmen und aufzuheben vermögen. In den §§. 11. 32. 33—38. ist Sorge getragen, daß Rechte dritter Besitzer nicht durch die Einleitung des Verfahrens verletzt werden können.

In Absatz 2. des §. 6. ist für Pfandklagen außer der Eigenthums-Bescheinigung des Schuldners erforderlich, daß diese Voraussetzungen zur Zeit der Rechtshängigkeit der Forderung vorhanden waren.

Die Bestimmungen lehnen sich an das bestehende, auch den bloßen Naturalbesitz als volles Eigenthum schützende Recht an. Sie lassen Raum für die gesetzliche Geltung des Entwurfs über Eigenthums-Erwerb und Belastung der Grundstücke, wonach künftig allein durch Eintragung im Falle freiwilliger Veräußerung Eigenthums-Erwerb an Grundstücken stattfinden soll.

Da der Entwurf der Subhastations-Ordnung nicht Bestimmungen über den Prozeß enthalten kann, so bleibt bis zum Erlasse der Prozeß-Ordnung die bisherige Gerichts-Ordnung in Kraft. Die Pfandklage kann angestellt werden gegen den eingetragenen Civilbesitzer und muß angestellt werden gegen seinen Nachfolger im Naturalbesitze, weil dessen Besitzrecht respektirt werden muß.

Der die Pfandklage anstellende Gläubiger ist daher jetzt gezwungen zu ermitteln, wer der Naturalbesitzer sei. Gerichte und Notare sind zwar verbunden, eine beglaubigte Abschrift der von ihnen aufgenommenen Verträge über Eigenthums-Ueberlassungen von Grundstücken zu den Grund-Akten einzureichen, der Hypotheken-Gläubiger erfährt aber davon nichts. Ihm wird zugemuthet, die Grund-Akten zum Zwecke der Klageanstellung einzusehen, was bei Auswärtigen mit Schwierigkeiten verbunden ist. Hat er aber auch dies überwunden, so ist er immer nicht sicher, daß er den richtigen Naturalbesitzer in Anspruch genommen; denn bevor er die Klage angefertiget, bevor sie eingereicht und behändiget ist, hat schon wieder ein Besitzwechsel stattgefunden, was bei sogenannten Spekulations-Grundstücken oft rasch nach einander geschieht; es erwachsen dem Gläubiger Kosten und Zeitaufwand, bevor er den richtigen Verklagten gefunden hat.

Aber auch wenn dies der Fall gewesen ist, stößt die Behändigung der Klage oft auf die allergrößten Schwierigkeiten, weil der Aufenthalt des Schuldners nicht zu ermitteln ist. Oeffentliche Vorladungen zum Zwecke der Klagebehändigung kennt die Ger.-Ordn. nur in Ausnahmefällen bei Ehescheidungs-Prozessen (§§. 58. ff. Tit. 40. Thl. I.). Daß und wann sie sonst zulässig sei, darüber schweigen die Vorschriften der Allgem. Ger.-Ordn. Thl. I. Tit. 7.

§. 47. Ihr Erlaß zum Zwecke der jetzigen Mandatsbekanntmachung und Behändigung ist der Ger.-Ordn. fremd. Die Vorschrift des §. 22. Tit. 7. a. a. O. ist nicht ausreichend, ihre Voraussetzungen sind nicht überall zutreffend und erfordern oft thatsächliche Feststellung. Streng genommen müßte eine Abwesenheits-Kuratel auf Antrag des Klägers über den Verklagten zum Zwecke der Behändigung eingeleitet werden. Es muß im Interesse des Pfandgläubigers zulässig sein, wenn das Institut der Zustellungs-Bevollmächtigten beim Hypothekenbuche nicht eingeführt wird, bei glaubhafter Bescheinigung den Pfandschuldner und Besitzer zur Zeit der Behändigung der Pfandklage im Gerichtsstande der Sache öffentlich vorladen zu lassen, wie dieß §§. 21. 189. 190. des Entwurfs der Prozeß-Ordnung von 1864 gestatten.

b. Werthsermittelung zur Kautionsbestellung.

§§. 6. 13. Nr. 2—4. §. 22. Die Bestimmungen verkürzen das Subhastationsverfahren um viele Monate, die sonst durch die Taxaufnahme unvermeidlich verflossen. Landgüter im Winter zu taxiren haben oft Taxatoren und landschaftliche Behörden für unmöglich erklärt.

Dem Antrage ist beizufügen (§. 6.):

„ein neuester Auszug aus der Grundsteuer-, Mutter- oder Gebäudesteuer-Rolle".

Das Subhastations-Patent (§. 13.) muß enthalten:

außer der Bezeichnung des zum Verkaufe bestimmten Grundstücks das Gesammtmaß der, der Grundsteuer unterliegenden Flächen,

den Reinertrag oder Nutzungswerth, nach welchem das Grundstück zur Grund- oder Gebäudesteuer veranlagt ist,

die Anzeige, wo der Auszug aus der Steuerrolle, Hypothekenschein, etwaige besondere, das Grundstück betreffende Nachweisungen, deren Einreichung jedem Subhastations-Interessenten gestattet ist, eingesehen werden können.

Hierdurch, da jeder Bieter sich selbst informiren kann, ist dem Taxbedürfniß, der Bekanntmachung des Werths genügt und ein Anhaltspunkt für die Kautionsbestellung gegeben.

Jeder Interessent, dessen Recht durch den Zuschlag berührt wird (§. 22.), hat das Recht, sie von dem Bieter zu fordern; — §. 24. schließt sich wegen näherer Bestimmung, wann der Widerspruch gegen das ohne Kautionsbestellung abgegebene Gebot erfolgen muß, der bisherigen Judikatur des Obertribunals an.

§. 23. verordnet:

die Kaution muß bestellt werden in baarem Gelde oder in inländischen öffentlichen, nach dem Börsen-Course zu berechnenden Papieren und schließt sich darin dem bestehenden Rechte an.

Sie soll bestehen (§. 22.):

in Niederlegung des vierfachen Grundsteuer-Betrages oder zweieinhalbfachen Gebäudesteuer-Nutzungswerths.

Das Bedürfniß der Erhöhnng der bisherigen Kaution von einem Zehntel der Taxe hat sich überall gezeigt. Jetzt würde bei mit 5 Prozent kapitalisirtem Grundsteuer-Reinertrage oder Gebäudesteuer-Nutzungswerth bei den, der Grundsteuer unterliegenden Grundstücken die Kaution $1/5$ des mit 5 Prozent kapitalisirten Reinertrages, oder $1/8$ des so kapitalisirten Gebäudesteuer-Nutzungswerths sein. Da Grundstücke theils allein die Grundsteuer, theils allein die Gebäudesteuer, andere beide Steuern entrichten, so kann die Frage entstehen, wer, wenn das Grundstück beide Steuern entrichtet, die Wahl habe, ob die Kaution im vierfachen Betrage des Grundsteuer-Reinertrages oder im $2\frac{1}{2}$fachen Gebäudesteuer-Nutzungswerthe bestellt werde.

Es kann die Bestimmung auch so verstanden werden, daß, wenn das Grundstück nur in der Grundsteuerrolle oder nur in der Gebäudesteuerrolle steht, in dem einen Falle der vierfache Grundsteuer-Reinertrag, in dem andern der $2\frac{1}{2}$fache Gebäudesteuer-Nutzungswerth, wenn das Grundstück aber in beiden Rollen steht, der $2\frac{1}{2}$fache Gebäudesteuer-Nutzungswerth dem vierfachen Gebäudesteuer-Reinertrage hinzuzurechnen sei, und daß auch so zu rechnen sei, wenn die Kaution mit einer eingetragenen Forderung bestellt wird, dergestalt, daß, wenn das Grundstück in beiden Rollen steht, dem zwanzigfachen Grundsteuer-Reinertrage der $12\frac{1}{2}$fache Gebäudesteuer-Nutzungswerth hinzugerechnet werden müsse.

Es wäre wünschenswerth, wenn der Gesetzgeber das im Gesetze gebrauchte Wort „oder“ nach der angedeuteten Richtung präcisirte.

Die Motive entscheiden diesen Zweifel nicht.

Zu §. 23. könnte man zu fragen geneigt sein, wie groß die Hypothekenforderung beschaffen sein soll, welche kautionsfähig ist, wenn sie innerhalb des 20fachen Grundsteuer-Reinertrages oder des $12\frac{1}{2}$fachen Gebäudesteuer-Nutzungswerthes eingetragen steht?

Offenbar muß die innerhalb dieses Betrages haftende Forderung so viel als der nach §. 22. zu erlegende 4fache Grundsteuer-Reinertrag oder $2\frac{1}{2}$fache Gebäudesteuer-Nutzungswerth betragen, also eben so viel als der Betrag der baar oder in Werthpapieren zu bestellenden Kaution.

Bei Schiffen und Bergwerken bestimmt, da sie Grund- oder Gebäudesteuer nicht zahlen, §. 92. 93. 98. 109, der Richter nach Anhörung von Sachverständigen die Höhe der Kaution und gestattet die Kautionsbestellung mit Forderungen, wenn diese innerhalb des fünffachen des festgesetzten Betrages eingetragen stehen.

c. Subhastations-Patent und Mittheilung desselben an die Interessenten.

Den Kreis der Subhastations-Interessenten erweitert §. 14 durch:

Diejenigen, welche zu den Subhastations-Akten ein dingliches Recht mit dem Antrage, sie bei der Subhastation zuzuziehen, angemeldet haben.

Zur Kenntniß des Subhastationsrichters gelangen die eingetragenen Gläubiger und bei nicht regulirtem Hypothekenbuche die zu den Grund-Akten angemeldeten Realrechte durch den vom Hypotheken-Richter nachzusuchenden Hypothekenschein oder eines Verzeichnisses der letztgenannten angemeldeten Realrechte, sowie von den Seitens angemeldeter oder eingetragener Interessenten zu den Grund-Akten angezeigter Wohnungsveränderung oder zur Empfangnahme von Zustellungen bestellter Vertreter. (§. 10.)

Einer Zustellung des Patents bedarf es nicht:

wenn weder aus dem Hypothekenscheine noch aus der sonstigen Mittheilung der Hypothekenbehörde, noch aus der zu den Subhastations-Akten gemachten Anzeige der Wohnort des Betheiligten oder seines Vertreters zu ersehen ist. (§. 19.)

Wenn ein so bekannt gewordener Interessent, dessen Recht durch Ertheilung des Zuschlags beeinträchtigt worden, nicht gehörig geladen ist, darf der Zuschlag nach §. 42. Nr. 11. nicht ertheilt werden.

Fehlt dem Betheiligten die Fähigkeit, selbstständig vor Gericht aufzutreten, so genügt, falls sein Stellvertreter oder sein Wohnort nicht bekannt ist, Zustellung an die vormundschaftliche Behörde. — Vor der Unfähigkeit erfolgte Zustellungen bleiben giltig. Stellt sich bei der Zustellung heraus, daß der Betheiligte an dem Orte, welcher sich aus den Subhastations-Akten als sein letzter Wohnort ergiebt, nicht wohnt, oder daß er gestorben ist, so bedarf es keiner ferneren Zustellung.

Die bisherigen Schwierigkeiten, die daraus erwuchsen, daß der Subhastations-Richter nach §. 4. der Verordnung vom 4. März 1834 die aus dem Hypothekenbuche ersichtlichen Gläubiger vorzuladen hatte, wiewohl das Hypothekenbuch sie nie und oft auch nicht immer die Grund-Akten ergaben, sowie die Schwierigkeit, die für den Subhastations-Richter dadurch erwuchs, daß er nach der Tribunals-Judikatur Erben von Amtswegen ermitteln sollte, sind behoben. Er hat nur zu laden den, dessen Wohnort aus dem Hypothekenscheine oder den Mittheilungen der Hypotheken-Behörde ersichtlich ist. Eine öffentliche, namentliche Vorladung dem Aufenthalt nach unbekannter Real-Interessenten findet nicht mehr statt.

Statt dessen werden alle diejenigen, welche Eigenthum oder anerkannte zur Wirksamkeit gegen Dritte der Eintragung in das Hypothekenbuch bedürfende, aber nicht eingetragene Realrechte geltend zu machen haben, im Proklama aufgefordert, dieselben zur Vermeidung der Präclusion spätestens im Versteigerungs-Termine anzumelden.

d. Frist und Bekanntmachung des Subhastations-Termins.

Die Frist ist nach dem Ermessen des Richters eine sechswöchentliche bis sechsmonatliche. — Die Bekanntmachung des Termins erfolgt durch Aushang an der Gerichtsstelle, Einrückung in das Amtsblatt; wie oft die Einrückung geschieht, und in welchen Intervallen, ist ebenfalls dem richterlichen Ermessen überlassen, sowie er auch ermächtigt ist, die Bekanntmachung in anderen Blättern auf Antrag oder von Amtswegen zu veröffentlichen.

Die Versteigerung kann auch in einem anderen Orte des Bezirks erfolgen. Außer den Interessenten, denen eine Abschrift des Patents zugestellt wird, erhält auch der Prozeßrichter davon Nachricht.

Welcher Prozeßrichter hiermit gemeint und zu welchen Prozeß-Akten diese Benachrichtigung erfolgen soll, ist in den Motiven zu §. 18. nicht gesagt. Unseres Erachtens erfolgt sie nur bei den Subhastationen, welche im Wege der Execution stattfinden, in denen nach §. 5. der Antrag durch den Prozeßrichter vermittelt ist.

Bei anderen Subhastationen, wo der Antrag von dem Antragsteller bei dem Subhastations-Richter direkt gemacht wird, würde dies keine praktische Folge haben. Wir meinen, die Bekanntmachung bezieht sich auf die Vorschrift des §. 35. 36. über den Widerspruch. — Und wenn auch diese Vorschriften auf beide Arten der Subhastation sich beziehen, so glauben wir dennoch, daß der Prozeßrichter derjenige ist,

> durch den der Antrag auf Subhastation oder Beitrittserklärung vermittelt ist,

um ihn in Stand zu setzen, sein Verfahren nach Al. 1. oder 2. des §. 36. zu regeln, würden auch mit dieser Maaßgabe Al. §. 18. formuliren.

In Fällen, wo der Antrag vom Prozeßrichter nicht vermittelt wird, beim Konkurse, bei der Auseinandersetzungs- und der Subhastation auf Antrag des Benefizial-Erben, würde die Mittheilung ganz nutzlos sein; der mit der Sache bisher noch gar nicht befaßte Prozeßrichter würde davon keine Notiz nehmen können.

e. Verfahren im Versteigerungstermine.

Es ist ein Protokollführer zuzuziehen (§. 21.), was sehr anzuerkennen und wichtiger ist, als in Bagatell-Prozessen, weil das Niederschreiben die Aufmerksamkeit des Richters, der Instrumente, Kautionen zu prüfen und zu übernehmen hat, allzusehr in Anspruch nimmt, und auch schon deshalb unabweisbar ist, weil eine Unterschrift des Protokolls durch die Interessenten nicht erforderlich ist. (§. 34.)

Der Richter beginnt (§. 21.) mit dem Aufrufe, legt den Auszug aus der Steuerrolle und den Hypothekenschein zur Einsicht aus, sowie das Verzeichniß der angemeldeten Ansprüche, verhandelt über besondere aus dem Gesetze sich ergebende Verkaufsbedingungen und verliest die festgestellten.

Nach §. 20. ist eine Abänderung der gesetzlichen Verkaufsbedingungen nur mit Zustimmung sämmtlicher Interessenten zulässig. Diese wird selten erzielt werden, weil erfahrungsmäßig fast nie alle Interessenten sich einfinden, oder doch wenigstens nicht beim Beginn der Verhandlung.

Hier möchten wir aber eine Ausnahme zulassen und gestatten, daß auf Antrag jedes Interessenten bestimmt werden könne:

> wenn im Kaufgelderbelegungstermine das Kaufgeld vom Ersteher nicht bezahlt wird und als rückständig gebliebenes eingetragen werden muß, erfolgt dessen Verzinsung an den Quartalstagen.

Es ist diese von den Gerichten in der Regel den Interessenten jetzt unterstellte Bedingung erforderlich, weil sonst bei fehlender Abrede die Verzinsung nur alljährlich erfolgt, was den Hypothekengläubigern sehr nachtheilig ist, die ohnehin dann mit der Verzinsung ihrer Kapitalien in der Regel durch die Sequestration und Subhastation in bedeutende Rückstände gerathen.

Im Kaufgelderbelegungstermine, in dem der Ersteher, der kein Kaufgeld zahlt, in der Regel ausbleibt und mit ihm deshalb keine Abrede darüber getroffen werden kann, läßt sich solche Abrede nur in seltenen Fällen treffen.

Das Niederschreiben der einzelnen Gebote ist nicht vom Gesetze als nothwendig hingestellt.

§. 40. Tit. 52. Theil I. G.-O. verordnet:

> Die sich meldenden Bietenden werden mit ihren Geboten nach und nach zum Protokoll vernommen, wobei der Deputirte darauf zu achten hat, daß sie ihr Gebot in Ansehung des Quanti und der Münzsorte bestimmt angeben.

Wir meinen, die §§. 21. ff. d. E. behandeln diese Frage allzukurz.

§. 21. sagt: „Hierauf wird zur Abgabe der Gebote aufgefordert; nach §. 25. darf die Versteigerung nicht vor Ablauf einer Stunde seit dieser Aufforderung, und falls mehrere Bieter aufgetreten sind, nicht eher geschlossen werden, bis sich ein Meistbietender ergeben hat.“

Wir halten das Niederschreiben der einzelnen Gebote, wie es die Gerichtsordnung erfordert, für unbedingt nothwendig, um Streitigkeiten darüber, wer Bestbietender geblieben, vorzubeugen, und würden bei §. 21. nach den Worten:

> „Hierauf wird zur Abgabe der Gebote aufgefordert“

den Zusatz machen:

> „und jedes abgegebene Gebot protokollirt.“

§. 27. gestattet, wenn der Ertheilung ein gesetzliches Hinderniß entgegensteht (§. 42.), oder wenn der Interessent einen neuen Versteigerungstermin beantragt und die erforderliche Kaution bestellt, demjenigen Interessenten einen Widerspruch, dessen Reste durch den Zuschlag berührt werden.

Worin diese Berührung des Interesses bestehen müsse, wird auch in den Motiven nicht gesagt.

Der Entwurf der Prozeßordnung von 1864 und dessen Motive gebrauchen denselben Ausdruck §§. 1203. 1210. und meinen die ersteren, unter Allegirung von §. 47. ff. Tit. 52. Thl. I. A. G.-O. und §§. 13. 14. der Verordnung vom 4. März 1834, die betreffenden §§. 1209—10. enthielten keine Neuerung. Dies ist aber unrichtig. Gerichtsordnung und Verordnung vom 4. März 1834 sprechen nur von dem Gläubiger, den Interessenten, nicht aber von dem durch den Zuschlag berührten Interessenten.

Wir halten die Bezeichnung für nicht glücklich gewählt, die Berührung kann eine allgemeine und eine besondere sein. Erstere bestehend darin, daß Jemand überhaupt Interessent ist. Dies kann aber nicht genügen, denn den Uebergang des verpfändeten Grundstücks auf einen Andern muß sich jeder Gläubiger gefallen lassen; gegen die Unsicherheit des Meistbietenden kann sich der Gläubiger durch das Bestehen auf der Kautionsbestellung sichern. Es muß also an eine besondere Berührung gedacht sein und diese tritt alsdann ein, wenn der widersprechende Gläubiger durch das Gebot nicht gedeckt ist. Dies im Termine augenblicklich zu ermitteln, hat seine Schwierigkeiten, weil man die Zinsenrückstände, die Ansprüche nicht eingetragener, gemeldeter Realgläubiger (§. 13. Nr. 7.) noch nicht übersehen kann.

Wir würden daher im §. 27. die Worte:

„dessen Rechte durch den Zuschlag berührt werden",

entweder ganz streichen und es bei dem früheren Rechte belassen: daß der Widerspruch jedem Interessenten gestattet, oder aber nur eventuell den betreffenden Theil des §. 27. dahin fassen:

„Nur der Widerspruch eines Interessenten, dessen Rechte durch den Zuschlag der Art berührt werden können, daß er anscheinend einen Ausfall an seiner Forderung erleiden kann."

Der Entwurf braucht im §. 22. das Wort berührt auch von dem Kaution erlegenden Gläubiger, während §. 11. der Verordnung vom 4. März 1834 das Recht hierzu allen Subhastations-Interessenten gewährt.

Daß man mit dem Ausdrucke berührt nichts von der bestehenden Gesetzgebung Abweichendes hat bestimmen wollen, ergeben die Motive Bl. 69., die bei Prüfung verschiedener, bezüglich der Kautionsbestellung gemachten Vorschläge, unter Verwerfung derselben ausdrücklich sagen:

„die jedem Interessenten zu seiner Ausübung beigelegte Befugniß genügt."

Der Ausdruck „berührt“ dürfte daher sowohl im §. 11., als im §. 27. zu streichen sein, da im §. 14. genau gesagt ist, wer Interessent sei. Solcher Interessent (§. 27.) soll sich verpflichten, für allen aus der Verzögerung des Zuschlags entstehenden Nachtheil und die Kosten zu haften, auch für den zehnten Theil des Meistgebots nach §. 23. Kaution zu bestellen.

Möge diese nun baar, in Werthpapieren oder durch eine eingetragene Forderung bestellt werden, so kann sie sich nicht (§. 22.) nach dem 4fachen Betrage des Reinertrages oder des 2½fachen Gebäudesteuer-Nutzungswerths bestimmen. Diese Kaution des §. 22. kann eine viel höhere sein, als das $\frac{1}{10}$ des Meistgebots beträgt. Die zu erlegende Summe muß also = $\frac{1}{10}$ des Meistgebots sein, mit so viel muß aber der Gläubiger, der mit einer eingetragenen Forderung Kaution bestellt, innerhalb des 20fachen Grundsteuerbetrages oder des 12½fachen Gebäudesteuer-Nutzungswerths stehen, wenn mit ihr die Kaution soll bestellt werden können; so viel muß er baar oder in inländischen zum Börsencours zu berechnenden öffentlichen Papieren niederlegen.

f. Einwendungen gegen die Subhastation.

§. 35. 38. regeln sachgemäß das Einwands-Verfahren des Schuldners oder eines Dritten gegen die Statthaftigkeit der Subhastation. §. 36. Absatz 2. 4 verlangen, daß, wenn der Widerspruch erst innerhalb vier Wochen vor dem Versteigerungstermine bei dem Prozeßrichter, oder erst im Versteigerungstermine, oder kurz vorher beim Subhastationsrichter angebracht wird, derselbe nur auf öffentliche oder der Diffession unterliegende Privat-Urkunden gestützt werden könne, um der Chikane vorzubeugen. Diese Art der Begründung von Einwendungen in der Exekutions-Instanz zum Zwecke der Aussetzung der Vollstreckung ist seit lange ein Wunsch der Praktiker und zu hoffen, daß er in dem Prozeß-Gesetze generalisirt werden möchte.

Die diskretionaire Gewalt, welche durch Al. 4. §. 11. dem Subhastations-Richter verliehen wird, ist in der Natur der Sache begründet und erscheint als keine Härte, weil §. 38. für den Fall, daß die Aussetzung des Verfahrens nicht erfolgen kann und deshalb das Zuschlagsurtel ergangen ist, dem Widersprechenden sein Recht auf Schadenersatz oder wegen unrechtmäßiger Bereicherung rücksichtlich des Kaufgeldes vorbehält.

g. Vom Zuschlage.

§. 39—41. verdienen alle Anerkennung.

§. 4. verweist das ganze Verfahren vor beständige Gerichts-Kommissarien beziehungsweise die Einzelrichter, vor die es zur Vermeidung des schleppenden Ganges vor Kollegien und wegen der Einfachheit des Verfahrens auch gehört. Demgemäß faßt dieser Richter ohne weitere Verhandlung — außer im Falle des §. 45. — das Erkenntniß ab, dessen Verkündigungstermin nach §. 13. Nr. 6. bereits im Proklama bekannt gemacht wird.

Die in der Praxis und nach der Tribunals-Judikatur streitig und zweifelhaft gewordene Frage, ob Cessionen von Meistgeboten zu berücksichtigen sind, ist §. 40. Al. 2. sachgemäß verneint, weil solche Berücksichtigung häufig zu Weiterungen und Zweifeln Veranlassung gegeben hat.

Das Zuschlagserkenntniß hat diejenigen, welche in Folge der öffentlichen Aufforderung (§. 13. Nr. 7.) sich nicht gemeldet haben, zu präkludiren, behält den Gemeldeten ihre Rechte vor, welcher Vorbehalt aber nur gegen die Kaufgelder geltend gemacht werden kann.

§. 42 enthält die gesetzlichen Gründe der Versagung des Zuschlags. Ihnen correspondirt §. 49., wonach die Berufung gegen den ertheilten Zuschlag nur auf diese Versagungsgründe oder darauf gegründet werden kann, daß das Zuschlagsurtel mit dem Inhalte des Versteigerungs-Protokolls oder den festgesetzten Kaufbedingungen nicht übereinstimmt.

Die Versagungsgründe lehnen sich fast sämmtlich an das bestehende Recht an. Unter den in den Motiven zu Nr. 2. angegebenen Beispielen fehlen Korporationen und Dorfgemeinden, die nach §. 83. Tit. 6, §. 19 Tit. 7 Thl. II. A. L.-R., Stadtgemeinden in den östlichen Provinzen §. 50. Nr. 1., St.-O. für die östlichen Provinzen G.-S. S. 261. Regierungs-Genehmigung zum Erwerbe bedürfen. Nr. 10. würde unseres Ermessens einfacher lauten:

> wenn die Frist zwischen der ersten Einrückung des Patents im Regierungs-Amtsblatte weniger als 5 Wochen beträgt.

Von der Urtelsverkündigung handelt §. 46. Es genügt die Verkündigung im Verkündigungstermine. Eine Zustellung des Urtels erfolgt nur an diejenigen Interessenten, welche weder im Versteigerungstermine erschienen, noch zu demselben geladen sind, obschon ihre Ladung erforderlich war. Für die Präkludirten erfolgt die Verkündigung nach den bestehenden allgemeinen Vorschriften, d. h. nach §. 3.b. der Verordnung vom 5. Mai 1838. Ges.-S. Seite 223.

h. Rechtsmittel.

Die Frist zur Rechtsmittel-Einlegung beginnt selbstredend bei den §. 46. Absatz 1. genannten mit der Zustellung, was nicht ausdrücklich gesagt ist, sich aber von selbst versteht, bei den Präkludirten mit Ablauf der vierzehntägigen Aushangsfrist.

Von der gegen das Urtel — Zuschlagsbescheid oder Zurückweisung der Zuschlagsertheilung — zulässigen Beschwerde handelt §. 47. Die Frist ist eine vierzehntägige. Befaßt ist mit der Beschwerde (§. 47) das Appellationsgericht, das nach §. 55. die Sache im schleunigen Verfahren mit vierzehntägiger Beantwortungsfrist mündlich zu verhandeln hat.

Ist gegen Ertheilung des Zuschlags appellirt, so kann sie sich, wie bereits erwähnt, nur auf die Nichtbeobachtung der gesetzlichen Versagungsgründe des §. 42. stützen, oder auf Aktenwidrigkeit; ist der Zuschlag versagt, nur darauf, daß ein gesetzlicher Versagungsgrund nicht vorliege.

Der Beschwerdeführer darf Gründe nicht geltend machen, die nur die Rechte anderer Betheiligter betreffen, darf sie nicht auf einen Grund stützen, welchen der Beschwerdeführer im Versteigerungstermine geltend zu machen im Stande war und nicht geltend gemacht hat. Desgleichen steht die Beschwerde nicht zu dem im Versteigerungstermine ausgebliebenen aber gehörig vorgeladenen Interessenten aus dem stattgehabten Verfahren (§. 51.)

Alles zu billigende Vorschriften, sowie dem bestehenden Rechte entsprechend (§. 56. des Entwurfs §. 2. Ges. vom 20. März 1854, Ges.-S. S. 150.) Die Aussetzung der Vertheilung findet nur auf Antrag des Erstehers statt.

Es sind Stimmen vernommen worden, welche in §. 57., wonach, wenn das Zuschlags-Urtel nichts anderes bestimmt, die Uebergabe des Grundstücks an den Ersteher erst nach berichtigtem Kaufgelde, und die Fortsetzung der Sequestration für Rechnung des Erstehers bis zu diesem Zeitpunkte, eine Monstrosität gefunden haben. Das ist aber keinesweges der Fall. Es entspricht die Vorschrift dem bestehenden Rechte. §. 342. Tit. 11. Th. I. A. L. R. verordnet:

> Insonderheit gehen bei gerichtlichen Verkäufen durch den Zuschlag Eigenthum, Nutzung, Gefahr und Lasten auf den Käufer über, wenngleich selbiger die erstandene Sache noch nicht in Empfang genommen hat.

Er gründet sich, wenn der Eigenthumserwerb durch Zuschlag auch zu den mittelbaren Eigenthums-Erwerbsarten zu rechnen ist, zu denen nach §. 1. Tit. 10. Th. I. A. L. R. außer dem Titel Uebergabe gehört, eben durch die beim Zuschlage durch den Richter erfolgende Eigenthums-Uebertragung, als deren Folge, aber nicht als Erwerbsgrund die Besitz-Uebertragung nachträglich erfolgen soll, wie §. 4. a. a. O. bestimmt, worin es heißt:

> wird der Besitz des vorigen Eigenthümers ohne dessen Einwilligung durch den Richter für erledigt erklärt, so muß auch die Uebergabe durch den Richter geschehen.

Das Eigenthum geht aber nach §. 342. Titel 11. Th. I. durch den Zuschlag auch bei suspendirter Besitz-Uebertragung über. Modus und Titulus acquirendi fallen hier in dem Zuschlagsurtel zusammen. Auch der Entwurf eines Gesetzes über Eigenthumserwerb und die dingliche Belastung der Grundstücke ꝛc. sagt zum Ueberflusse im §. 13. ausdrücklich, daß im Falle der nothwendigen Subhastation der Ersteher das Eigenthum durch die Verkündigung des Zuschlagsurtels erwirbt.

Es ist die Bestimmung des §. 57. auch schon jetzt im Volke lebendig. Bei fast allen Subhastationen wird als Bedingung festgesetzt:

die Uebergabe erfolgt erst, wenn das Kaufgeld berichtigt ist.

Die Gläubiger müssen es in ihrer Befugniß haben, bei unterbleibender Zahlung des Kaufgeldes sofort die Sequestration ohne Zwischenstadium gegen den Ersteher fortführen zu können. Diese allgemein verbreitete Anschauung findet lediglich im §. 57. ihre Anerkennung, wonach, wenn das Grundstück unter Sequestration steht, diese für Rechnung des Erstehers bis zur Kaufgelderberichtigung fortgesetzt wird. Selbstredend sind die Gläubiger befugt, die Sequestration, wenn das Kaufgeld nicht gezahlt wird, gegen den Ersteher fortsetzen zu lassen, da sie in Anlehnung an das bestehende Recht §. 59. Al. 1. jeden Betheiligten, welchem ein Theil des Kaufgeldes gebührt, ermächtigt, sowohl Resubhastation, als Zwangsvollstreckung in das übrige Vermögen des Erstehers nachzusuchen.

Wünschenswerth ist hierbei allerdings, daß hinter dem Worte Resubhastation gesagt werde:

und Fortsetzung der Administration,

weil §. 57. sagt:

die Sequestration auf Rechnung des Erstehers wird bis dahin (d. h. bis zur Berichtigung des Kaufgeldes) fortgesetzt,

und wenn §. 59. nur von Resubhastation und Zwangsvollstreckung in das übrige Vermögen spricht, die Fortsetzung der Administration vom Tage der Kaufgelderbelegung ab nicht ausdrücklich erwähnt, dies zu Zweifeln Veranlassung geben kann.

§. 59. Al. 3. bestimmt: Die Resubhastation erfolgt als neue Subhastation. Selbstredend wird es nicht der Beibringung eines neuen Kataster-Extrakts zu dem Resubhastations-Antrage bedürfen, unseres Erachtens aber hätte dies ausdrücklich ausgesprochen werden müssen.

Daß der Mehrerlös bei der Resubhastation dem Ersteher gebührt, §. 59. Al. 4., ist selbstverständlich, da sein Eigenthum resubhastirt worden ist.

Es ist hier am Orte, eines Punktes von großer Erheblichkeit zu erwähnen.

Die Frage, ob, wie in dem Gesetze betreffend die Einführung von Grund- und Hypothekenbüchern für Neu-Vorpommern vom 21. März 1868 §. 13. bestimmt ist:

die Forderungen der Gläubiger, welche vor dem Verkaufenden — dem Extrahenten — eingetragen sind, durch die Subhastation nicht berührt werden, sondern unverändert stehen bleiben sollen? —

Die Verhandlungen, welche bei Enquête über dies Hypothekenbankwesen im Bundesrathe gepflogen werden, enthalten denselben Grundsatz.

Die Motive des gegenwärtigen Entwurfes der Subhastations-Ordnung enthalten eine mit vielfachen Gründen für die Unzulässigkeit dieser Anordnung für das Gebiet der Hypotheken-Ordnung motivirte Ausführung, die hier zu widerlegen den Raum dieser kurzen Besprechung übersteigen würde. Zwei Bemerkungen für die Zweckmäßigkeit obiger Bestimmung glauben wir aber nicht zurückhalten zu dürfen.

a. Es liegt auf der Hand, daß der Eigenthümer gute und sichere Hypotheken höchst ungern in den Strudel und die Unbequemlichkeit des Licitations- und Kaufgelderbelegungs-Verfahrens hineinziehen läßt. Seine Forderung ist sicher, und wenn er sie nicht einziehen, bei seiner Kapitals-Anlage verharren will, so soll das Gesetz ihn nicht gewaltsam in dieses Verfahren hineinziehen. Er wird schon sehen, wie er zu seinen Zinsen gelangt, das ist lediglich seine Sache. Es berührt ihn aber jedenfalls höchst unangenehm, wenn er auf eine Angelegenheit, die ihn nicht interessirt, seine Aufmerksamkeit verwenden, blos weil ein postlocirter Gläubiger Befriedigung verlangt, das Subhastationsverfahren mit durchmachen soll. Am meisten genirt es ihn, wie die tägliche Erfahrung zeigt, daß, wenn der Ersteher das Kaufgeld schuldig bleibt, er sich durch Einreichung seines Instruments legitimiren, es auch lange Zeit, ja für immer entbehren muß, wenn kein Kaufgeld gezahlt, das rückständige eingetragen wird und er erst auf Antrag ein Zweig-Instrument erhält, durch das die nicht gezahlten Zinsen, wider seinen Willen, dem Kapital zutretender Kapitals-Antheil geworden sind.

Das, was bei der Auseinandersetzungs-Subhastation §. 1. des Gesetzes vom 11. August 1843 Ges.-S. S. 323. und §. 404. Cab.-O. gilt, kann füglich von jeder Subhastation gelten. Schwierigkeiten in der Anwendung dieser Bestimmungen haben sich nie gezeigt. Es hat der Wortlaut des §. 404. Al. 2. C.-O. lediglich zu dem Zweifel Veranlassung gegeben, ob ein Kaufgelderbelegungstermin anzusetzen sei, insofern die Subhastation die Wirkung einer nothwendigen nur gegen die Miteigenthümer hat.

Soweit die Subhastation diese Wirkung nicht hat, ist der Fall ganz derselbe wie beim freiwilligen Verkaufe mit Uebernahme der Hypothekenschulden in partem pretii. Der Verkauf unter dem Schuldenbetrage ist dem Hypothekengläubiger gegenüber wirkungslos, weil er eben sein Pfandrecht nicht verliert.

b. Die Motive Blatt 98. führen für die Nichtannahme des gedachten Princips den Grund an, das Verfahren werde verwickelt und verzögert, wenn ein dem Extrahenten der Subhastation vorgehender Gläubiger derselben beitrete. Es könne alsdann das Verfahren nicht ungehindert weiter gehen, sondern es bedürfe, wenn durch den Beitritt etwas Wesentliches verändert werde, neuer Bekanntmachungen, vielleicht auch der Verlegung des Versteigerungs-Termins. Wir halten die Sache nicht für so schwierig, als sie für den ersten Augenblick scheinen kann. Daß dem interessirten Gläubiger während der ganzen Zeit der Subhastationsfrist der Termin bekannt sein müsse, ist nirgends verordnet.

Geschieht der Beitritt also zu einer Zeit, wo die Mittheilung an die dem ersten Extrahenten vorgehenden Gläubiger noch erfolgen kann, so geschieht dies ganz einfach; wenn nicht, so liegt der Versagungsgrund — Nr. 11. §. 42. — der Ertheilung des Zuschlages vor und der den Zuschlag durch seinen verspäteten Beitritt verhindernde Gläubiger muß die Kosten tragen; wenn auch der Entwurf darüber schweigt, wen die Kosten bei versagtem Zuschlage treffen, da §. 58. nur von den Kosten des Zuschlags-Urtels, nicht des Versagungs-Urtels spricht. Hier wird aber auch eine Bestimmung darüber erforderlich, wie es zu halten sei, wenn der Zuschlag wegen durch den Richter verschuldeten Mangels wesentlicher Förmlichkeiten zu versagen ist. Soll er gegen sich selbst erkennen und sich die entstandenen baaren Auslagen, die doch nicht niedergeschlagen werden können, auferlegen? Das dürfte unmöglich und zu bestimmen sein, daß in diesem Falle die Bestimmung des Kostenpunktes dem Collegial-Gerichte obliegt.

II. Von der Vertheilung der Kaufgelder.

Die Vorschriften über die Kaufgelderbelegung schließen sich an die bestehenden in der C.-O. §§. 385—415. enthaltenen Bestimmungen mit mehr oder weniger wichtigen Abänderungen, die vielfach auf die in der Praxis hervorgetretenen Zweifel und die Rechtsprechung des Obertribunals sich gründen.

Schon der erste §. dieses Abschnittes (§. 60.) führt dieselben ein.

Der erste Absatz enthält bestehendes Recht, die Befriedigung der Realgläubiger nach der Reihenfolge und dem Umfange, wie es im Falle des Konkurses geschieht und schließt sich im §. 383. theilweis dem §. 401. der C.-O. an.

Der folgende Absatz ist neues Recht. Er bezweckt eine Abänderung des §. 201. C.-O. Nach diesem wurden befriedigt, wenn ein Ueberrest des Kaufgeldes nach Befriedigung der Hypothekenforderung und ihrer privilegirten zweijährigen Rückstände verbleibt, die älteren als zweijährigen Rückstände an Zinsen und an deren Prästationen und die extrahirenden oder beitretenden Personalgläubiger, und bei Unzulänglichkeit des Kaufgelderrestes soll das Prioritätsverfahren §. 362. ff. C.-O. stattfinden.

Der §. 60. des Entwurfs bringt mit Recht das Prioritätsverfahren hierüber für diesen Fall in Wegfall, als eines unnöthigen doppelten Verfahrens. Er rangirt in folgender Reihenfolge zum Ansatze bei der Kaufgelderbelegung:

1. die älter als zweijährigen Zins- und Prästations-Rückstände neben den Ansprüchen der Gläubiger, welche die Subhastation beantragt, oder ihr beigetreten sind, dann folgen
2. diejenigen Realgläubiger, deren Forderungen erst nach der Einleitung der Subhastation entstanden sind, in Gemäßheit der Vorschriften des ersten Absatzes. Ihnen folgen

3. diese Realgläubiger wegen älterer als zweijähriger Rückstände an Hypothekenzinsen und Prästationen, sowie diejenigen Gläubiger, für welche das Kaufgeld mit Beschlag belegt ist.

Bei Unzulänglichkeit in den Fällen zu 1. und 3. geschieht die Vertheilung nach den Vorschriften über die Rangordnung der Konkursgläubiger.

Hier ist Folgendes zu bemerken:

ad 1. Langt der Kaufgelderrest auf die ad 1. Genannten nicht zu, so tritt proratarische Befriedigung, wie im Konkurse ein, vorausgesetzt, daß Einzelnen derselben mit Rücksicht auf den Grund ihrer Forderungen nicht Vorrechte im Konkurse zuständen. Dies ist §. 61. ausdrücklich bestimmt und liegt in der Natur der Sache, ist auch bestehendes Recht. Nach §. 60. 401. K.-O. steht den Hypothekengläubigern wegen mehr als zweijähriger Zinsrückstände ein Pfandrecht nicht zu.

ad 2. Ist neues Recht, und, wie die Motive sagen, eine Folge des §. 7. des Entwurfs, daß die vorhandenen Realgläubiger, sowie Extrahent und Adhärent der Subhastation durch spätere Bestellung von Realrechten auf dem Grundstücke nicht beeinträchtigt werden können, vielmehr vor diesen Gläubigern vollständig befriedigt werden müssen. Diese späteren Gläubiger sind aber Pfandgläubiger, wenn sie auch die Rechte der persönlichen Gläubiger als Extrahenten und Adhärenten zu respektiren haben. Sie rangiren selbstredend hier nach der Reihenfolge ihrer Eintragungen in das Hypothekenbuch.

Nr. 3. rangirt diese Gläubiger wegen ihrer älteren als zweijährigen Rückstände und setzt ihnen gleich diejenigen, welche das Kaufgeld mit Beschlag belegt haben.

Im Falle der hier eintretenden Unzulänglichkeit tritt das zu 1. Gesagte bezüglich der Konkurs-Vorrechte der Forderungen ein.

Hierbei ist aber der Wunsch auszusprechen, daß statt des Ausdrucks „mit Beschlag belegt werden" gesagt werde:

„im Wege der Exekution mit Beschlag belegt werden",

weil bloße Prozeßarreste kein exekutivisches Recht gewähren. Aber auch dieser Ausdruck genügt nicht, da bloße exekutivische Beschlagnahme keinen Beitrittstitel giebt, sondern nur im Wege der Exekution erfolgte Ueberweisung nach dem Gesetz vom 4. Juli 1822. Es muß also heißen:

„welche auf den dem Ersteher zufallenden Kaufgelderrest im Wege der Exekution nach §. 1. und 6. des Gesetzes vom 4. Juli 1822 G.-S. S. 178 Ueberweisungen erhalten haben.

§. 62. entspricht mit einigen Abänderungen dem §. 385. K.-O. Die Worte im Absatz 2.: „Ein Gläubiger, für den das Kaufgeld mit Beschlag belegt ist," bedürfen keiner Aenderung im Sinne des vorstehend Gesagten, da solcher Gläubiger bis zum Vertheilungstermine sich noch die richterliche Ueberweisung verschaffen kann.

Der Schlußsatz des §. 385. C.-O. bezüglich der nicht eingetragenen Gläubiger mußte wegfallen, weil nach dem jetzigen Aufgebote alle nicht eingetragenen Realprätendenten, die sich im Versteigerungstermine nicht melden, im Zuschlagsurtel präkludirt werden müssen.

§. 64. bringt die §. 386. zu stellenden Warnungen in Wegfall, also auch die der Präklusion der ausbleibenden nicht eingetragenen Realgläubiger, die dadurch, daß ihre im Zuschlagsbescheid erfolgte Präklusion schon vor sich gegangen ist, erübrigt wird.

Mit alleiniger Ausnahme der Kassen und Anstalten, von denen §§. 47 bis 49. 51. C.-O. handeln, werden nicht eingetragene Gläubiger, die sich nicht melden, nicht berücksichtigt, und bestimmt der §. 64. nur insofern noch etwas Neues, als der eingetragene, ausbleibende Gläubiger nicht berücksichtigt wird, dessen Forderung in gänzlich unbestimmter Höhe eingetragen ist, und daß das Recht des nicht erschienenen Gläubigers und Schuldners nicht ausgeschlossen ist, die Vertheilung gegen die Betheiligten nachträglich in einer besonderen Klage anzufechten.

§. 65. lehnt sich an §. 387. der C.-O. an, mit einer Maßgabe nach §. 64. Al. 2. und 4. durch den Zusatz „beziehungsweise sonst gesetzliche Vorrechte."

§. 66. reproduzirt den §. 388. C.-O. mit einer Abänderung, die ein längst gehegter Wunsch der Praxis ist. Es gebraucht §. 388. C.-O. bekanntlich den Ausdruck der Uebereignung des Kaufgelderrückstandes an den Gläubiger, dessen Forderung weder bezahlt noch übernommen wird, und im §. 399. bezüglich der Urkunden den Ausdruck, welche durch Uebereignung des Kaufgelderrückstandes getilgt sind. — Wie nach dem Wortlaute des Gesetzes auch gar nicht anders möglich ist, hat auch das Ober-Tribunal — in seiner Entscheidung vom 5. Juni 1863. Entsch. Bd. 49. S. 401. — angenommen, daß durch diese Uebereignung Tilgung der Forderung erfolge. — In Uebereinstimmung mit §. 1243. des Entwurfs von 1864 hat der jetzige den Ausdruck „übereignet" gestrichen und statt dessen das Wort „überwiesen" gesetzt und auch im §. 78. die Worte des §. 399. C.-O. „durch Uebereignung des Kaufgelder-Rückstandes getilgt sind" wegfallen lassen.

§. 67. enthält wörtlich den §. 389. C.-O. Es dürfte hier am Orte sein, eine in der Praxis zu vielen Zweifeln Gelegenheit gegebene Frage zu besprechen. Was aus der Bietungs-Kaution wird, wenn der Ersteher seiner Verpflichtung zur Bezahlung des Kaufgeldes nicht nachkommt, wann sie von den Gläubigern zu ihrer Befriedigung in Anspruch genommen werden kann und von welchen Gläubigern, darüber giebt sowohl die alte Gesetzgebung als unser vorliegender Entwurf keine Auskunft.

Nur eine Stelle, der §. 62. Titel 52. Thl. I. A. G.-O., scheint diese Frage zu beantworten. Sie sagt, von der Resubhastation handelnd:

> Wird in dem neuen Licitations-Termine weniger geboten, so muß der vorige Licitant den Ausfall sowie alle anderen den Gläubigern daraus entstehenden Schäden und Kosten ersetzen, und letztere können sich deshalb nicht nur an das erlegte Angeld, sondern auch an sein übriges bereitestes Vermögen halten.

Es scheint mit dem Angelde die Kaution für das Gebot gemeint zu sein. Sie hat offenbar nicht vollständig den Charakter einer Kaution als der Versicherung der künftigen Erfüllung einer Verbindlichkeit. (§. 178. Tit. 14. Thl. I. A. L.-R.) Denn die Verbindlichkeit ist keine künftige, sie ist eine gegenwärtige, wenn auch im Augenblicke der Gebotsabgabe dadurch bedingte, daß der die Kaution bestellende Bieter Bestbietender wird und an ihn der Zuschlag erfolgt. — Sie ist also eine antizipirte Erfüllung des durch Ausgebot der Gläubiger und Gebot des Bieters zu Stande kommenden, durch das Zuschlagserkenntniß zu sanctionirenden Kaufvertrages.

Ein Angeld muß nicht nothwendig in baarem Gelde bestehen; Angeld ist Alles, was auf Anrechnung der übernommenen Verbindlichkeit vorausgegeben wird. Auch das Angeld kann daher in Werthpapieren und auf dem Grundstücke haftenden Forderungen erlegt werden. (§. 206. Tit. 5. Thl. I. A. L.-R.) Ist die Kaution ein Angeld, so bedarf es auch nicht, wie bei anderen Kautionen, der Erledigung des Kautionsfalles durch Klage. Der Zuschlag gewährt den Gläubigern den exekutiven Titel wegen ihrer Ansprüche aus demselben an den Ersteher.

Die A. G.-O. scheint dies auch gefühlt zu haben, wenn sie in §. 62. Tit. 52. Thl. I. G.-O. von dem Angelde spricht, was der vorige Licitant gegeben hat. Es liegt in der Natur der Sache, daß der Bieter, der auf Verlangen eines Subhastations-Betheiligten die sogenannte Subhastations-Kaution bestellt, dies in der Absicht thut, daß die Gläubiger sich an dieselbe halten, sie ihnen als Gegenstand ihrer Befriedigung dienen möge. Die Praxis der Gerichte über die Art und Weise, wie die Gläubiger sich an die Kaution halten können und müssen, ist eine verschiedene gewesen. — Man hat angenommen, daß nur diejenigen Gläubiger sich an die Kaution halten können, welche bei der Resubhastation Ausfall erlitten haben, hat andererseits auch gleich bei der Subhastation auch ohne Genehmigung des im Vertheilungstermine ausbleibenden Erstehers die baare Kaution verzahlt, die Gläubiger wegen ihrer Ausfälle auf den Exekutionsweg bezüglich der Kaution verwiesen, und wenn einer derselben Exekutions-Anträge in die Kaution gemacht, unter Zuziehung aller nicht befriedigten Subhastations-Betheiligten ein Prioritäts-Verfahren eingeleitet, auch nach erfolgter Resubhastation einen fortgesetzten

Kaufgelderbelegungstermin bezüglich Vertheilung der Kaution anberaumt, und hier ist wieder in Frage gekommen, ob die bei der ersten Subhastation ausgefallenen Gläubiger nach ihrer früheren Priorität beim Hypothekenbuche oder antheilig zu befriedigen seien. — Letzteres ist in einigen Entscheidungen wegen Erlöschens des Hypothekenrechts angenommen, die Frage aber unseres Wissens noch nie zur Entscheidung des höchsten Gerichtshofes gelangt.

Mag nun die Kaution Angeld sein oder nicht, immer wird es wünschenswerth und zweckmäßig sein, in der neuen Subhastations-Ordnung Anordnungen zu treffen, um den Gläubigern, denen der Ersteher das Kaufgeld schuldig bleibt, auf dem kürzesten Wege zu ihrer Befriedigung schon im Vertheilungs-Termine und vor der Resubhastation zu verhelfen.

Unseres Erachtens ist es gar nicht anders möglich, als daß die Kaution als Kaufgeld betrachtet und gleich im Vertheilungstermine, wenn der Ersteher seine Verbindlichkeit nicht erfüllt, wider seinen Willen zu vertheilen, und zwar nach der gesetzlichen Reihenfolge des §. 60. des Entwurfs.

Die Anweisung der bei der Resubhastation ausgefallenen Gläubiger auf die Kaution, wie die G.-O. thut, widerspricht den Grundsätzen der Priorität der Eintragung.

Wir würden deshalb für den Absatz 2. des §. 66. folgende Fassung vorschlagen:

„Die Kaution steht im Termine zur Verfügung des Richters. So weit der Ersteher die Forderungen der Gläubiger im Termin nicht baar bezahlt oder mit Bewilligung der Gläubiger übernimmt, oder wenn er im Termine ausbleibt, dient die Kaution den Gläubigern gegenüber als der Vertheilung unterliegender Theil des Kaufgeldes. Die baare Kaution wird wie das Kaufgeld vertheilt, die in Werthpapieren bestellte durch den Richter unter Zuziehung des anwesenden Erstehers oder in seiner Abwesenheit auf dem kürzesten Wege versilbert und die Losung vertheilt.

Wo letzteres nicht sofort angeht, wird ein neuer Kaufgelderbelegungs-Termin zur Vertheilung der Losung anberaumt. Ist die Kaution mit einer eingetragenen Forderung bestellt, so wird sie für den Ersteher von Amtswegen liquidirt und die nachfolgenden Gläubiger werden mit ihren Forderungen, soweit der Ersteher den auf seine Forderung fallenden Theil des Kaufgeldes zahlt, aus diesem, falls dies nicht geschieht, auf den darauf fallenden Theil des rückständig gebliebenen Kaufgeldes angewiesen. Der Ersteher ist auf die Forderung, mit der er Kaution bestellt hat, wenn er Kaufgeld schuldig bleibt, das Kaufgeld zu kompensiren nicht befugt.

Soweit Zahlung oder Uebernahme nicht mit Einwilligung der Gläubiger erfolgt, wird ein entsprechender Theil des Kaufgelder-Rückstandes den Gläubigern überwiesen.

Eine jede solche Ueberweisung bewirkt nur die Tilgung des Real-Anspruchs."

Die vielen Schwierigkeiten und Zweifel, welche bisher bei Inangriffnahme der Kaution durch die Gläubiger hervorgerufen worden sind, werden auf das Einfachste vollständig beseitigt. Eines neuen Termins zur Vertheilung der Losung der Werthpapiere wird es in solchen Orten, namentlich in kleinen Orten bedürfen, wo der sofortige Umsatz nicht zu bewirken ist.

Besteht die Kaution in einer für den Gläubiger eingetragenen Forderung, so ist er in seiner Verfügung darüber gesperrt, er ist dadurch behindert, sie als eigene Forderung zu liquidiren und darauf mit dem Kaufgelde zu compensiren. — Die ihm in der Priorität nachstehenden Gläubiger, welche aus dem Kaufgelde oder aus der baaren Kaution oder der Losung der Werthpapiere, mit denen sie bestellt ist, nicht zur Befriedigung gelangen, treten, wiewohl die Forderung des Erstehers von Amtswegen als die des Erstehers liquidirt werden muß, mit dem, womit sie am Kaufgelde participiren, an seine Stelle, und ihnen wird der auf die Forderung des Erstehers anzuweisende Theil des Kaufgeldes angewiesen. Sie rücken in seinen locus, da die Forderung durch die Kautionsbestellung ihnen verpfändet ist.

Ein anderer Punkt betrifft ein längst gefühltes Bedürfniß der Praxis. Das ganze Verfahren, so zu sagen die Constituirung der Aktiv- und Passiv-Masse und die Vertheilung, ist auf einen Termin concentrirt. Die Arbeit des Richters ist jetzt durch die Vorschrift des §. 60. bei Vertheilung des Kaufgelder-Ueberrestes gegen früher nicht unbedeutend vermehrt.

Es übersteigt fast menschliche Kräfte, namentlich bei großen Grundstücken, Rittergütern und ganzen Herrschaften und bei ungeübten Rechnungsbeamten, wenn dies alles auf einen Terminstag sich zusammendrängt, — die Parteien erscheinen nicht prompt, gehen während des Termins anderen Geschäften nach und haben nicht Geduld und Ausdauer genug, einen und oft mehrere Tage hinter einander sich dem Geschäfte des Kaufgelderbelegungstermins hinzugeben. Der Richter soll — wenigstens zur Zeit — dickleibige Instrumente, Legitimations-Urkunden, Vollmachten, Rechnungsbeläge über Kosten prüfen, die Verhandlung leiten und niederschreiben oder diktiren und oft große Summen in vielen Antheilen vertheilen und auszahlen.

Es liegt sehr nahe, ihn in seiner schweren und höchst verantwortlichen Arbeit zu erleichtern und jetzt um so mehr, wenn die Verhandlung nicht mehr der Prüfung und Controle eines anderen Richters, des Dezernenten, unterliegt.

Die Vorschrift des §. 69. des Entwurfs, die dem Richter gestattet, in schwierigen und verwickelten Fällen schon vor dem Termine unter Zuziehung eines Rechnungs-Verständigen einen vorläufigen Theilungsplan anzufertigen, welcher bei der Verhandlung im Termine zu Grunde zu legen, und welche

Befugniß ihm auch nach §. 391. C.-O. zustand, ist unseres Wissens nie mit Erfolg benutzt worden, weil vor dem Termine, in dem liquidirt wird, man die Forderungen der Gläubiger an Zinsen und Kosten noch gar nicht kennt. Jetzt helfen sich die gerichtlichen Rechnungsbeamten dadurch, daß sie einen Protokoll-Entwurf, soweit er die Passivmasse betrifft, im Voraus anfertigen, die Zahlen für Zinsen und Kosten offen lassen und häufig mit den Gläubigern in Privat-Correspondenz treten, um ihre Liquidate kennen zu lernen.

§. 64. Al. 2. gestattet den Kassen und Anstalten, von denen §. 47.—49. und 51. C.-O. handeln, ihre Liquidate bis zum Kaufgelderbelegungstermin schriftlich einzureichen. Der Gesetzgeber wird sich großer Zustimmung der Richter und des Publikums erfreuen, wenn er eine Abkürzung und Vereinfachung des Verfahrens durch Erhebung dieser Ausnahme zur Regel anordnet.

Es bedarf nur einer Abänderung des §. 62. des Entwurfs, dahin lautend:

„Nach Verkündigung des Zuschlags-Urtels wird von dem Subhastations-Richter zur Liquidation der Ansprüche der Gläubiger auf das Kaufgeld ein Termin angesetzt und durch Aushang bekannt gemacht, zu denen die Subhastations-Interessenten, der Ersteher und die Gläubiger, welche das Kaufgeld im Wege der Exekution mit Beschlag belegt haben, geladen werden.

Die Ansprüche auf das Kaufgeld können schon vor dem Termine schriftlich oder zu Protokoll angemeldet werden.

Wer dies nicht thut oder im Termine ausbleibt und seine Urkunden über die Forderung nicht einreicht, der verliert seinen Anspruch auf Zinsenrückstände und Kosten.

Nach Abhaltung dieses Termins wird ein Termin zur Belegung und Vertheilung des Kaufgeldes anberaumt, zu welchem gleiche Ladung und Bekanntmachung erfolgt."

Dem entsprechend bedarf §. 68. einer Aenderung, daß es statt des Wortes „Termin" „Liquidationstermin" heißen muß, wenn nicht vorgezogen wird, Al. 1. ganz wegfallen zu lassen.

Geleugnet kann bei unserem Vorschlage nicht werden, daß gerade kurz vor dem Vertheilungstermin oft Hypothekenforderungen cedirt werden, weil der Ersteher mit dem Cessionar verabredet hat, daß dieser die cedirte Forderung stehen lasse, weil der Cedent sein Geld verlangt und der Cessionar eine Hypothek erwerben will. Indeß kann dieser Umstand nicht maßgebend sein, die Interessenten können ihre Cessionsverhandlungen auch während und neben dem Vertheilungstermine vornehmen, und es kann eine Instruktion an instrumentirende Richter und Notare ergehen, bei Cessions-Verhandlungen die Interessenten darauf aufmerksam zu machen, daß da, wo das Grundstück sub hasta steht, die Forderung in dem der Vertheilung vorhergehenden Termine angemeldet sein muß, um rückständige Zinsen und Kosten zu erhalten.

§. 67. entspricht wörtlich dem §. 389. der C.-O., §. 68. dem §. 390. mit der Maßgabe, daß, wie schon erwähnt, der zweite Absatz in §. 390., der nur der nicht liquidirten Kosten erwähnt, die im Falle des Ausbleibens nicht berücksichtigt werden sollen, die zweckmäßige Abänderung erlitten hat, daß einem solchen Gläubiger nur laufende Zinsen und Kosten von Amtswegen angesetzt werden und den ebenso zweckmäßigen, bisher für selbstverständlich erachteten Zusatz enthält, daß der nicht erschienene Gläubiger nicht befugt ist, seine im Termine aufgestellte Liquidation nachträglich zu ergänzen.

§. 69. ist wörtlich der §. 391. C.-O.

§. 70. und 71. entsprechen den §. 392. und 393. der C.-O., aber mit einigen Abänderungen. Im §. 70. Abs. 1. ist, während §. 391. dem Schuldner nur gestattet, die Richtigkeit des Hypotheken-Rechts und das Vorrecht der einzelnen Forderungen zu bestreiten, hinter „Richtigkeit" noch eingeschaltet „des Realrechts", weil auch nicht eingetragene Realrechte unter der Voraussetzung des §. 64. Al. 2. geltend gemacht werden können. Der an Stelle §. 392. C.-O. getretene §. 70. des Entwurfs, der dem Extrahenten der Subhastation das Recht, die Richtigkeit der Forderungen zu bestreiten, gewährt, gründet sich auf die Judikatur des Ober-Tribunals-Plenarbeschlusses, Entscheid. Bd. 40. S. 404. Der Schlußsatz im §. 70. bezieht sich auf die Intentionen des zur Zeit den Häusern des Landtages vorliegenden Entwurfs eines Gesetzes über den Eigenthums-Erwerb an Grundstücken und die dingliche Belastung der Grundstücke, Bergwerke und selbstständiger Gerechtigkeiten und hat für den Fall des Inslebenstretens jenes Gesetzes einen transitorischen Charakter, wie der §. 72. bezüglich des im §. 71. gedachten Anfechtungsrechts.

§. 71. reproducirt wörtlich den §. 393. C.-O. bezüglich des Anfechtungsrechts der Realgläubiger.

§. 73. entspricht mit geringen Abänderungen dem §. 394. C.-O., darin bestehend, daß im Anschluß an §. 71. 73. statt „Hypothekenrecht" der Ausdruck „Realrecht" in korrekter Weise gebraucht wird, und daß mit Entscheidung der Streitigkeiten der Subhastationsrichter soweit befaßt ist, als die Competenz des Einzelrichters reicht.

Den von mancher Seite gemachten, auch in den Entwurf der Prozeß-Ordnung von 1864 aufgenommenen Vorschlag, die Parteirollen umzukehren und den Bestreitenden als Kläger anzusehen, oder dies in seinen Willen zu stellen, hat der Entwurf aus den in den Motiven S. 109. entwickelten Gründen unterlassen.

§. 74. des Entwurfs giebt den §. 395. der C.-O. über die Anwendung des §. 56 des letztgenannten Gesetzes bei Correal-Hypotheken wieder.

Die Motive erwähnen der Bedenken, die die Motive des Entwurfs eines

Gesetzes über das Hypothekenwesen vom Jahre 1864 gegen diese Art der Hypotheken-Bestellung erhoben haben.

Der Entwurf verbot in seinem §. 29. die Bestellung von Correal-Hypotheken und verlangte im Anschluß an die Vorschrift des §. 23. der Verordnung vom 4. März 1834 über die Exekution in Civil-Sachen, Theilung auf die einzelnen Grundstücke im Wege der Einigung oder richterlichen Entscheidung.

Der jetzt den Kammern vorliegende Entwurf des Gesetzes über Eigenthums-Erwerb 2c. enthält dieses Verbot nicht, und die Motive des Subhastations-Gesetzes verweisen auf den ebenfalls den Häusern des Landtages vorliegenden Entwurf über Abänderungen einiger Vorschriften der C.-O., welche jenen Uebelständen Abhülfe gewähren sollen. (Motive S. 103.) Es ist dies dort aber nur sehr ungenügend geschehen, indem nur die Eintragung der Rechte nachstehender Gläubiger eines andern verhafteten Grundstückes nicht mehr von Amtswegen erfolgen soll.

Mit Recht erwähnen die Motive, daß es nicht Aufgabe der Subhastations-Ordnung sei, hier für den Konkurs geltende Vorschriften zu treffen, und die Frage der conjunctim eingetragenen Forderungen verschieden zu behandeln, je nachdem dieselbe außerhalb des Konkurses oder in demselben zur Sprache kommt, wobei allerdings zu wünschen ist, daß das zu so vielen Verwickelungen und Schwierigkeiten Veranlassung gebende Institut der Correal-Hypotheken lieber ganz aus der Welt geschafft würde, als daß der Entwurf der C.-O. sich mit einem wenig erheblichen Palliativmittel behilft und daß eben die Novelle zur C.-O., da letzte der Sitz der Motive ist, gründliche Abhülfe verschaffe.

§. 75. ist identisch mit §. 396. C.-O.

§. 76. entspricht §. 397. C.-O. mit einer Abänderung in Nr. 3., darin bestehend: daß die von dem Gläubiger zu bestellende Kaution in der C.-O. nur durch das Ermessen der übrigen Betheiligten bestimmt wird, im Entwurfe gesagt ist:

> eine den gesetzlichen Vorschriften entsprechende oder von den übrigen Betheiligten für genügend erachtete Kaution.

Die Motive Seite 110. sehen in dem Ueberlassen der Kautions-Bestimmung an die Interessenten die Möglichkeit von Chikanen. Das Gesetz überläßt also dem Richter die Entscheidung über die Kaution, der sonach seine Bestimmung auf Einf.-Ges. Art. III. S. 1. C.-O. gemäß §. 429. C.-O. zu gründen hat. Er wird nur häufig deshalb in Verlegenheit gerathen, weil eine Subhastationstaxe nicht mehr aufgenommen wird, weshalb es wünschenswerth erscheint, die Bestimmung wegen der Kaution mit §. 22. 23. des Entwurfs in Verbindung zu bringen.

§. 78. des Entwurfs entspricht §. 399. C.-O. mit der Maßgabe, daß in Anlehnung an Abs. 2. §. 66. des Entwurfs die Worte des §. 399. C.=O. „oder durch Uebereignung des Kaufgelder=Rückstandes getilgt sind“, weggefallen sind.

Es werden also die Urkunden, deren daraus ersichtliche Forderung durch Anweisung auf Kaufgeld zur Hebung gekommen sind, dem Gläubiger mit dem Atteste zurückgegeben, daß und in wie weit dies der Fall sei.

Daß sie quod jus reale zu kassiren sind, dürfte selbstverständlich sein, weil sonst zwei Dokumente über dieselbe Realforderung laufen, wenn der Gläubiger sich ein Zweig=Dokument über den angewiesenen Kaufgelder=Rückstand ertheilen läßt. (§. 79. Abs. 3. des Entwurfs.)

§. 79. entspricht §. 400 der C.=O. mit der gleichgiltigen Abänderung, daß Absatz 4. statt „von Amtswegen zu veranlassen“, „von Amtswegen zu ersuchen“ gesagt ist und Absatz 5. statt: „kann verlangen“, „ist auf Antrag zu ertheilen.“

3. Von dem Aufgebote bei Vertheilung der Spezial=Massen.

Die §§. 80.—90. des Entwurfs reproduziren mit unbedeutenden Abweichungen die §§. 405.—415. der C.=O. Bei §. 83., harmonirend mit §. 408. C.=O., ist der in der Praxis hervorgetretene Zweifel, ob der Eid, den der Gläubiger zu leisten hat, in dem Aufgebots=Verfahren zu leisten sei, und zwar, falls nach erlassenem Aufgebot, vor oder nach Abhaltung des Termins zur Anmeldung der unbekannten Interessenten. Wir meinen, er muß ihm in dem beim Aufgebot anberaumten Termine abgenommen werden, falls er sich meldet, und es müssen ihm sodann nach §. 86. seine Rechte vorbehalten werden; da er aber zu dem nach rechtskräftigem Präklusionsurtel anzuberaumenden Verhandlungs=Termine (§. 87.) unter allen Umständen vorgeladen wird, so muß ihm auch gestattet sein, den Eid noch in diesem Termine zu leisten, weil das Gesetz ihn zu diesem Eide verpflichtet, und die Spezialmasse bei Streit ihm nicht zugesprochen werden kann, wenn er den Eid nicht leistet. Wenn aber die Termins=Interessenten in die Auszahlung der Streitmasse an ihn ohne Eid willigen, so muß diese erfolgen, da §. 89. die Bestimmung darüber, wem die Spezialmasse ausgezahlt werden soll, der Einigung der Interessenten überläßt.

Im §. 84. sind die überflüssigen Worte des §. 409. „schriftlich oder zu Protokoll anzumelden“ gestrichen, die dort fehlende Warnung der Präklusion zugesetzt, indem kürzer, einfacher und zweckmäßiger gesagt ist: „Bei Vermeidung, der Präklusion anzumelden.“ Eine Abschrift der Bekanntmachung erhält nach §. 85. nur der Curator, nicht die übrigen §. 411. Nr. 1.—3. C.=O. genannten Interessenten.

Mit Recht zieht sie der Entwurf nicht zu und ändert auch den §. 412. C.=O. zweckmäßig dahin, daß er das Präklusions=Urtel nur dem Curator und dem Gläubiger zustellt, welcher sich bei der Kaufgelder-Vertheilung oder in Folge des Aufgebots zu der Post gemeldet hat.

Weshalb der §. 411. Nr. 1. C.-O. gemachte praktische Zusatz: „insofern der Aufenthalt dieser Personen bekannt ist", im §. 87. des Entwurfs weggeblieben ist, ist nicht erfindlich, und wünschenswerth, ihn dem §. 87. des Entwurfs einzuverleiben.

Die Anführung neuer Thatsachen in dem nach §. 89. des Entwurfs be- Streit stattfindenden Termin zur mündlichen Verhandlung ist für unzulässig erklärt, ohne daß in den Motiven ein Grund hierfür angegeben ist. Es erscheint dies zweckmäßig, weil in dem Termine der Streit bereits bis zur Beschlußfassung über die Beweisführung verhandelt worden ist, der Rahmen und die Grenzen für das Thatsächliche bereits gegeben sind.

B. Andere Subhastations-Gegenstände.

§. 93. Bei der Subhastation selbstständiger Gerechtigkeiten §. 1. Nr. 2. [die Motive erwähnen zu diesem §. auch der Superficies] setzt, wenn der Werth sich nach Grund- odrr Gebäudesteuer-Ertrag gemäß §. 22. 23. bestimmen läßt, der Richter zum Zwecke der Sicherheitsbestellung für das Gebot erforderlichen Falls nach Anhörung eines Sachverständigen, bei Bergwerken des zuständigen Revierbeamten (§. 109.) die Kaution fest, auch wenn mit einer eingetragenen Forderung Kaution bestellt werden soll, zum Fünffachen des festgestellten Betrages.

Bei der Subhastation von Bergwerken und Bergwerks-Antheilen gehört der Repräsentant oder Grubenvorstand zu den Subhastations-Interessenten. Die Subhastationsfrist beträgt längstens 3 Monate §. 309. 310. Bei registrirten Seeschiffen stets 3 Monate, bei anderen 4 Wochen bis 3 Monate, nach Ermessen des Richters; die Bekanntmachung erfolgt außer durch Aushang an der Gerichtsstelle und Einrückung in den Anzeiger des Regierungs-Amtsblatts des Bezirkes, in dem der Subhastationsrichter seinen Sitz hat, wenn der Schuldner im Inlande einen Wohnort hat, auch durch das Amtsblatt des Wohnortes; bei im Inlande registrirten Seeschiffen durch das Amtsblatt der Regierung des Bezirks, wo das Schiff seinen Heimathshafen hat.

Erwähnt sei nur in Kürze, daß die Vorschriften des §. 94 ff. des Entwurfs sich überall, mit geringen Modificationen, den §. 31. 64 ff. 247. 271. 403. der C.-O. dem Art. XVI. des Einführungsgesetzes zu demselben und dem Art. 29. des Hand.-Ges.-B. sich anschließen.

Zweiter Abschnitt.

Nothwendige Subhastation außerhalb des Zwangs-Verfahrens §§. 112. 113.

Der Entwurf behält die bisherige Gesetzgebung bei, indem er die nothwendige Subhastation gestattet (§. 112.)

auf Antrag des Benefizialerben,

zum Zwecke der Auseinandersetzung,

und reproduzirt nach dieser Richtung den §. 2. Nr. 3. der Verordnung vom 4. März 1834 und die Verordnung vom 11. August 1843.

Er ändert die bisher bestehenden Vorschriften in nachstehender Art:

1. Er beseitigt die auf Grund des Ministerial-Reskripts vom 30. Juni 1834 (v. Kamptz Jahrbücher Bd. 43. S. 499) dem Subhastations-Richter in Rücksicht auf §. 172. 173. 175. 89. und 91. Tit. 17. Th. I. A. L.-R. bisher obliegende Pflicht, den Antrag auf Auseinandersetzungs-Subhastation mit 4wöchentlicher Frist den Miteigenthümern zur Gegenerklärung mitzutheilen, weil durch §. 35. Al. 2. §. 37. des Entwurfs das Widerspruchs-Verfahren gesetzliche Regelung erhalten hat.
2. Er beseitigt die Zweifel und Bedenken, die aus §. 405. Al. 2. C.-O. darüber entstanden sind, ob die Kaufgelderbelegung und Vertheilung bei Auseinandersetzungs-Subhastation erforderlich sei.
3. Er beseitigt — §. 113. Al. 3. — bisher bestandene Zweifel rücksichts der Kautionsbestellung mit dem Miteigenthume.

Der Entwurf erwähnt nichts von der Subhastation der Antheile eines Grundstücks. Die bisherige Zulassung von Antheils-Subhastationen gründet sich auf die beiden Ministerial-Reskripte vom 13. April 1833, 20. September 1836 Jahrb. Bd. 41. S. 555. und Bd. 48 S. 210, die die Zulässigkeit der Antheils-Subhastation auf die Vorschrift des §. 60. Tit. 17. Thl. I. A. L.-R. gründen.

Zu welchen Schwierigkeiten derlei Antheils-Subhastationen führen, weiß jeder Praktiker. Es fehlt überall dem Verfahren die gesetzliche Basis; es ist streitig, ob der Antheil quotativ eingetragen sein müsse, es entstehen Zweifel über die Sicherheitsberechnung bei der Kaution, Zweifel, welche Befriedigung die auf dem ganzen Grundstücke haftenden Forderungen verlangen können, wie sie rangiren in den älteren Antheils-Hypotheken, ob und inwieweit die Vorschriften der §§. 56 ff. C.-O. von Korreal-Hypotheken zur Anwendung kommen sollen und in welcher Art die aus der Vertheilung der Kaufgelder des Antheils sich ergebenden Rechtsverhältnisse in das Hypothekenbuch einzutragen, das auf Antheile und deren besondere Verschuldung gar nicht eingerichtet ist.

Wir meinen, es sei Sache des neuen Gesetzes gewesen, der hier bestehenden Rechtsunsicherheit Abhilfe zu gewähren. Es gab ein ganz einfaches Mittel, den jetzigen Uebelständen der Antheils-Subhastation abzuhelfen. Es bedurfte nur einer Ausdehnung der Vorschrift des §. 17. der Verordnung vom 20. März 1854 [G.-S. S. 145] auf das Recht des Gläubigers, sich das Recht seines Schuldners — die Auseinandersetzung zu verlangen, wenn letzterer Miteigenthümer des Grundstücks ist, gegen das er seine Exekution richten will, durch das Gericht überweisen zu lassen, und dann gegen die übrigen Miteigenthümer die Auseinandersetzungs-Subhastation zu Wege zu bringen, selbstredend natürlich bei ungetheilten Erbschaften erst nach erfolgter Theilung, weil vor der Erbtheilung nicht feststeht, ob dem Miterben ein Antheil an dem Grundstücke zufallen wird.

Natürlich darf auf solchen Extrahenten die Vorschrift des §. 2. der Verordnung vom 11. August 1843 (G.-S. S. 323.) nicht Anwendung finden, wonach die Subhastation im Wege der Auseinandersetzung ihre Wirkung nicht äußern darf auf die Schulden, welche auf dem Antheile des Extrahenten haften. Denn der Eigenthümer darf — außer wenn er der Benefizial-Erbe ist —, sein Eigenthum nicht zum Nachtheile seines Gläubigers subhastiren lassen.

Den extrahirenden Gläubiger des Miteigenthümers darf solches Verbot nicht treffen, da er nicht, wie der Miteigenthümer, dessen Recht auf Auseinandersetzung anzutragen er sich hat überweisen lassen, sich seiner Schulden entledigt, sondern aus dem zu kaufenden Antheile seines Schuldners, und dem nach Befriedigung der Hypothekengläubiger des Antheils für seinen Schuldner, den Antheilsbesitzer, verbleibenden Ueberreste des Kaufgeldes befriedigt werden will. Unser Vorschlag geht hiernach dahin, hinter §. 112. des Entwurfs einen Zusatz einzuschalten.

> Der persönliche Gläubiger eines Miteigenthümers, der das Recht seines Schuldners auf Auseinandersetzung mit den übrigen Miteigenthümern im Wege der Exekution gemäß §. 17 der Verordnung vom 20. März 1854 (Ges.-S. S. 115) sich hat überweisen lassen, ist befugt Subhastation des Grundstücks zum Zwecke der Auseinandersetzung mit den übrigen Miteigenthümern zu beantragen, auch wenn auf dem Eigenthumsantheile des Schuldners Hypothekenschulden oder andere Reallasten haften. In Bezug auf diese Schulden und Lasten treten die Wirkungen der nothwendigen Subhastation mit voller Wirkung ein.

Druckfehler-Berichtigungen.

S. 1. Zl. 12. v. o. l. statt „keinem" **keinen**. S. 3. Zl. 16. v. u. im §. 7. des Entwurfs statt „welche" **wenn**.

Verlag von J. Guttentag in Berlin.
Guttentag & Vahlen.

Druck der Berliner Associations-Buchdruckerei (Urbar u. Genossen).

Kolibri 360 GmbH
Ferdinand-Jühlke-Straße 7
99095 Erfurt, Deutschland
produktsicherheit@kolibri360.de